社会保险基金预算与风险管理研究

王鹏程 著

中国纺织出版社有限公司

内 容 提 要

社会保险基金是社会保险制度的一个重要基础，社会保险基金不仅涉及千家万户的切身利益，更关系到整个社会经济的稳定和未来的发展。本书以社会保险基金预算的含义为切入点，探讨了养老保险基金、医疗保险基金、新型农村养老保险基金、失业保险基金、工伤保险基金预算工作的相关内容，分析了社会保险基金所面临的风险问题，提出了防控与化解社会保险基金风险的有效措施，力求为我国的社会保险基金管理提供较系统的理论和决策分析基础。

图书在版编目（CIP）数据

社会保险基金预算与风险管理研究 / 王鹏程著. --北京：中国纺织出版社有限公司，2023.12
ISBN 978-7-5229-1396-4

Ⅰ.①社… Ⅱ.①王… Ⅲ.①社会保险—基金—预算管理—研究—中国②社会保险—基金—资金管理—风险管理—研究—中国 Ⅳ.①F842.61

中国国家版本馆 CIP 数据核字（2024）第 036503 号

责任编辑：邢雅鑫　　责任校对：高　涵　　责任印制：储志伟
中国纺织出版社有限公司出版发行
地址：北京市朝阳区百子湾东里 A407 号楼　邮政编码：100124
销售电话：010—67004422　传真：010—87155801
http://www.c-textilep.com
中国纺织出版社天猫旗舰店
官方微博 http://weibo.com/2119887771
河北延风印务有限公司印刷　各地新华书店经销
2023 年 12 月第 1 版第 1 次印刷
开本：710×1000　1/16　印张：12
字数：200 千字　定价：89.90 元

凡购本书，如有缺页、倒页、脱页，由本社图书营销中心调换

前 言

社会保险基金作为重要的社会保障，承担着维护民众福祉和社会稳定的重要责任。然而，随着人口老龄化和社会经济环境的变化，社会保险基金面临着越来越严峻的挑战和风险。其中，预算管理和风险管理是保障基金稳定运行的关键环节。

社会保险基金的预算管理涉及资金收入和支出的规划和控制。预算编制需要考虑到人口结构、就业情况、经济增长等因素，合理确定缴费率和保险待遇水平。同时，预算执行要严格控制支出，确保资金能够充分覆盖保险责任，并保持基金的健康运作。然而，社会保险基金面临着多种风险，如投资市场波动、资金缺口、养老人口增加等。这些风险可能对基金的偿付能力和可持续性造成影响。因此，风险管理成为保障基金安全的关键措施。风险管理涉及对风险进行识别、评估和控制，采取相应的风险应对策略和措施，以降低风险对基金的不利影响。

本书旨在探讨社会保险基金预算与风险管理的关系和方法，旨在提供对基金预算管理和风险管理的深入理解和有效实施。通过深入研究和分析，我们希望为社会保险基金的可持续发展和民众的社会保障提供有益的指导和建议。全书以社会保险基金的含义理解、种类及性质、主要功能以及社会保险基金的运行为切入，解读社会保险基金预算管理基础理论，探讨社会保险基金预算的编制的相关内容，进而探索社会保险基金预算管理的有效路径。通过分析社会保险基金所面临的风险问题，提出了防控与化解社会保险基金风险的有效措施，力求为我国的社会保险基金管理提供较系统的理论和决策分析基础。全书结构严谨，内容翔实，通俗易懂，是一本值得学习研究的著作。

笔者在本书的写作过程中，得到了许多专家学者的帮助和指导，在此表示诚挚的谢意。由于笔者水平有限，加之时间仓促，书中所涉及的内容难免有疏漏之处，希望各位读者多提宝贵意见，以便笔者进一步修改，使之更加完善。

著者

2023 年 4 月

目 录

第一章 社会保险基金及其运行·················1
  第一节 社会保险基金的含义理解·················1
  第二节 社会保险基金的种类及性质·················6
  第三节 社会保险基金的主要功能·················10
  第四节 社会保险基金的运行·················14

第二章 社会保险基金预算管理基础理论·················24
  第一节 社会保险基金预算的基本内涵·················24
  第二节 社会保险基金预算管理的环节·················29
  第三节 社会保险基金预算管理制度·················32
  第四节 社会保险基金预决算报告分析·················43

第三章 社会保险基金预算的编制·················47
  第一节 社会保险基金预算的编制原则·················47
  第二节 社会保险基金预算的科学编制·················51

第四章 社会保险基金预算管理的有效路径·················73
  第一节 不断完善社会保险基金预算执行机制·················73
  第二节 建立健全社会保险基金预算管理配套体系·················86
  第三节 大力推进社会保险基金预算绩效管理·················96

第五章　社会保险基金风险识别与分析 ············ 100

第一节　社会保险基金风险管理概述 ············ 100
第二节　社会保险基金风险的识别 ············ 117
第三节　社会保险基金风险的分析 ············ 125

第六章　社会保险基金风险控制的路径探索 ············ 161

第一节　构建偿付能力风险控制机制 ············ 161
第二节　健全投资运营风险控制机制 ············ 168
第三节　加大会计风险控制措施 ············ 172
第四节　强化外部风险控制职能 ············ 179

参考文献 ············ 184

第一章　社会保险基金及其运行

第一节　社会保险基金的含义理解

一、什么是社会保险

(一) 社会保险的概念界定

社会保险是社会保障制度的核心组成部分，对社会保障含义的理解有助于本书对社会保险概念进行界定。我国社会保障的公认解释来自1986年召开的中华人民共和国第六届全国人民代表大会第四次会议，将社会保障定义为国家通过立法，以强制手段对国民收入进行再分配，并以基金消费的形式对由于年老、疾病、伤残、死亡、失业及其他灾难发生而生活困难的社会成员进行物质上的补助，以保证其基本生活需要的一系列有组织的措施、制度和事业的总称。广义来说，社会保障的概念概括为各种通过立法和行政措施来保障社会成员基本生活需要的保障系统的统称，包括社会保险、社会救助、社会福利、社会优抚和医疗保健等。其中，社会保险不管是从覆盖面还是从金额上来看，都是社会保障的基础与核心部分。因此，很多学者将社会保障与社会保险等同，可见社会保险在整个社会保障体系中的地位。

社会保险是指国家通过立法强制实施，运用保险方式处置劳动者面临年老、疾病、伤残、失业、生育及死亡等特定社会风险，并为其在暂时或永久性失去劳动能力或劳动机会，失去劳动收入时提供基本收入保障的法定保险制度。[1]

社会保险是广义保险范畴中的一个部分，是处理社会风险的一种手段和机制。人们在劳动和生活中会遇到各种风险与困难，其中与劳动者切身利益关系最密切的就是由于丧失劳动能力或劳动机会所造成的收入损失，这直接影响劳动者及其家庭基本生活的安定，进而会对社会生产和社会秩序造成影响。社会保险正是国家针对特定社会风险所采取的一种经济补偿

---

[1] 林义. 社会保险（第三版）[M]. 北京：中国金融出版社，2010：14.

手段，专门为全部或部分丧失劳动能力或劳动机会的社会劳动者及其家庭提供一定的物质生活保障。

(二) 社会保险与商业保险的区别

需要说明的是，社会保险虽然是随着商业保险的发展到社会化阶段而产生的，并且与一般的商业保险都具有互助互济的性质，但是两种保险的本质有明显区别，不能简单地把社会保险混淆为商业保险的社会化产物。为了更有针对性地理解社会保险的概念，本书将对两者的含义进行三方面的比较：

第一，二者的目的不同。社会保险是由国家实施的社会保障，具有强制性和福利性的特点，目的是为人民提供基本的生活保障，享有国家财政的支持；商业保险则以保险业金融企业法人为主体实施，是一种经营行为，具有自愿性和营利性的特点，追求企业利润最大化，独立进行核算，自负盈亏。

第二，二者保障服务范围和立法范围有很大差异。社会保险是一种社会保障制度，为了保障劳动者的基本生活需要，应属于劳动立法范畴，其保障范围一般由国家事先规定，因其具有社会保障的性质，保障服务对象特定，范围相对比较狭窄，保障水平也比较低；商业保险则是一般经济行为，其保障范围由投保人、被投保人和保险公司协商确定，商定的保障范围和水平体现在保险合同中，属于经济立法范畴。

第三，二者的管理制度不同。社会保险由中央或地方政府统一领导，并授权给专门以政府事业单位形式存在的社会保险基金管理机构集中管理，属于国家行政事业单位管理体系中的一部分；商业保险则是以自主经营且相对独立的保险公司为经营主体，属于金融管理体系。由此可见，社会保险与商业保险在很多方面都有本质上的区别，尽管社会保险具有很强的保险性质，仍然不能按照商业保险的运作模式来统一管理。

二、社会保险基金的定义与特征

(一) 基金的产生

基金的广义概念是为开办、投资或发展某项事业而储备的资金或专门拨款。从相对狭义的角度，人们日常提到的基金概念单纯是指资本市场上的基金，即一种利益共享、风险共担的集合投资方式，由基金托管人负责发行和集中管理投资者的资金，从事各种形式的金融工具投资，取得投资收益和资本增值作为对投资者的回报。基金最早产生于18世纪末19世纪初的英国，在当时，随着第一次产业革命的成功，英国的工业总产值占世界工业总产值的三分之一以上，但是投资回报较低，而诸如美、德等资本主义国家已经开始进行工业革命，对资金的需求量巨大，英国政府为提高国内投资者的收益，开创了"外国和殖民地政府信托投资"基金，并由专业人士管理运作，投资到新兴资本主义国家资本市场获取巨额投资收益，这标志着证券投资基金的产生。随着基金的不断发展和成熟，成立基金的目的也得到了扩展，基金的目的不再只对准收益和回报，一些以保值和保障为目的的基金不断产生，成为保障或发展某项事业的战略储备，具有更加重要的意义。社会保险基金就是基金的一种特定形式。

（二）社会保险基金的定义

2010年10月28日，我国正式颁布了《中华人民共和国社会保险法》（以下简称《社会保险法》），并于2011年7月1日正式施行，2018年12月进行修订。《社会保险法》作为我国社会保险立法的主体性法律，不仅规范了我国社会保险基金制度的基本内容，而且在很大程度上规范了整个社会保险基金管理的基本体系。社会保险基金是一种为丧失劳动能力、暂时失去劳动岗位或因健康原因造成损失的人口提供收入或补偿而建立的基金。社会保险基金由政府设立，强制某一群体将其收入的一部分作为社会保险税（费）形成社会保险基金收入，在满足一定条件的情况下，参保人可从基金获得固定的收入或损失的补偿，形成社会保险基金支出。

因此，社会保险基金是一种为了保证物质及劳动力的生产和社会稳定的再分配资金。社会保险基金分为五大类，包括社会养老保险基金、医疗保险基金、失业保险基金、工伤保险基金、生育保险基金。社会保险基金关系到整个社会的可持续发展以及和谐稳定，因此对社会保险制度的建立尤为重要。不但要在当期有效收缴和分配社会保险费用，更要对所积累的剩余资金进行合理的管理，使其克服通货膨胀、货币贬值等不利因素，从而实现保值增值以备未来加以分配。社会保险基金属于基本保障基金，是社会保障基金的重要组成部分。而社会保险基金管理是基金管理机构对基金收入和支出进行计划、控制、监督、考核等工作的总称，其原则是识别并规避资金营运过程中的风险，提高资金的投资回报率，从资金运动的角度划分，可分为筹集管理、支出管理和投资管理三个部分。

（三）社会保险基金的主要特点

社会保险基金因其自身的性质，存在着许多区别于其他基金的重要特点。

1. 法律强制性

社会保险是一种政府行为，是国家的社会政策，通过立法手段在全社会强制推行。任何单位和个人都不能根据自己的意愿决定是否参加社会保险，凡属于法律规定范围的成员都必须无条件参加社会保险，并按规定履行缴纳保险费的义务。社会保险的纳费标准和待遇项目、保险金的给付标准等均由国家的法律法规或地方性法规规定统一确定，劳动者个人作为被保险人一方无自由选择与更改的权利。

强制性是社会保险的显著特征之一，也是社会保险的基本特征。之所以如此，是由于只有强制征集社会保险基金，才能获得稳定可靠的经济来源，实现国家的社会与政策目标。国家作为社会全体成员的代言人，有责任保障每个劳动者的基本生存权利，而且劳动者又是社会财富的创造者，社会财富是国家乃至全社会赖以生存和发展的物质条件，所以国家应采取强制手段保障劳动者的基本生活。

社会保险基金的筹集、管理和使用都具有法律强制的特性。如雇主和雇员必须依法按时、按法定费率缴纳社会保险费。基金管理机构对社会保险基金的投资营运、投资组合与投资数额的确定均须依法进行，以确保基金具有稳定的资金来源和安全有效的基金管理方式。而商业性保险基金、金融性信托基金则是在自愿的基础上依据商业契约建立，基金管理及规则要相对宽松一些。

2. 社会政策目的性

社会保险基金的建立与管理都带有明显的社会政策目的性，即国民在遭受社会风险的背景下，为其提供基本的收入保障，以保证社会稳定和经济、社会的协调发展。社会保险基金的管理和运营虽然具有经济目标和促进经济发展的功效，但最终应服从于社会保险应遵循的社会政策目标。

社会政策目的性也表明社会保险基金在很大程度上有别于商业保险基金，政府通过社会保险基金实现其特定社会政策目的，往往会对社会保险基金的管理运营进行不同程度的干预。这种干预在社会保险基金的筹集、精算测定原则、社会保险基金收支平衡上都能得到体现，这种干预还体现在政府以隐性债务的方式承担劳动者代际间收入再分配的责任。

社会保险基金的社会政策目的性意味着，国家承认对丧失劳动能力和失去劳动机会的劳动者的基本生活保障是社会的责任，因此需要借助整个社会力量保障劳动者的基本生活；但与此同时，在解决社会风险所引起的生活困难方面，并不排除个人的责任。

3. 特定对象性

社会保险基金对工薪劳动者具有普遍保障责任,是对劳动者采取的一种保障措施。社会劳动者一旦丧失劳动能力或劳动机会,国家应依法提供收入损失补偿,以保障其基本生活需要;社会保险财务一旦出现赤字,其运行受到影响时,国家财政负有最后的责任。

社会保险的保障对象主要是工薪劳动者,这一劳动群体享有劳动收入,只是在发生意外失去劳动收入时才需要接受补偿。因此,在他们有劳动收入时,有义务分担社会保险费用。这一特点也表明,社会保险费用不能完全由国家统包下来,而应由国家、企业、劳动者共同负担。其他社会成员中,没有任何收入、靠其他人抚养的人,如儿童、学生、残疾人等,解决他们的生活保障问题需要依靠社会救济和社会福利部门,他们没有能力缴纳社会保险费用,只能被动地接受保障。随着社会保障制度的不断完善和发展,部分未参加任何社会保险制度的无保障劳动适龄人口也被纳入社会保险制度的覆盖范畴,我国城乡居民养老保险正是发挥着这一制度补缺功能。

4. 统筹互济性

通常,在现收现付的筹资模式下,社会保险通过国民收入的分配和再分配,形成专门基金,将不同比例的资金统一调剂使用,使社会劳动者共同承担社会风险。一般地,在形成社会保险基金的过程中,高收入的社会劳动者比低收入的劳动者缴纳更多的保险费;而在使用的过程中,一般都是根据实际需要进行调剂,不是完全按照缴纳保险费的多少给付保险金。可见,社会保险具有较强的统筹互济因素,个人享受的权利与承担的义务并不严格对应。

5. 储存性和增值性

理论上,社会保险基金的运转总是先征集保险费,形成基金,再分配使用。从每个劳动者的生命历程来看,也是在劳动者具有劳动能力的时候,社会就以各种方式将其所创造的一部分价值逐年逐月进行强制性扣除,经过长年储存积累,在其丧失劳动能力或劳动机会、收入减少或中断时,从积累的资金中为其提供补偿。社会保险基金的储存性意味着这种资金最终要返还给劳动者,因而这种资金不能移作他用,保险的经办机构只能利用时间差和数量差使之增值,使劳动者因基金增值而得益,从而进一步体现社会保险的福利性。

与储存性相对应,社会保险基金还具有增值性。被保险人领取的保险金有可能高于其所缴纳的保险费,其差额除了企业(雇主)缴纳和政府资助外，还需要保险基金的营运收入来补充。从投保开始到领取给付，物价在不断上涨，基金只有投入营运才能保值增值，否则就达不到社会保险的保障目的。在这一点上，社会保险基金同商业保险基金相似，而不同于财政性后备基金。

第二节 社会保险基金的种类及性质

一、社会保险基金的种类划分

社会保险基金的种类可以根据基金的不同性质和特征进行划分。研究社会保险基金的类型及其性质，可以为采用科学合理的基金管理方式提供理论依据。

（一）根据社会保险项目的专门用途及其功能分类

根据社会保险项目的专门用途及其功能分类，有养老、医疗、失业、工伤和生育保险基金。

养老保险是社会保险子系统中最重要的项目，也是整个社会保障制度中最为重要的项目。许多国家都把发展养老保险作为建立社会保险制度的重要突破口。养老保险基金是指在政府立法确定的范围内，依法征缴的用于支付劳动者退休养老待遇的专项基金。养老保险基金一般是由不同层次的基金构成的，主要有基本养老保险基金，企业补充养老保险基金和个人养老保险基金三个层次，每一层次各有相应的资金来源。

医疗保险基金是指以社会保险形式建立的，为劳动者提供治疗疾病所需医疗费用的资金。具体来说，这一保险是通过国家立法，强制性地由国家、企业、个人集资建立医疗保险基金，当个人因疾病需医疗服务时，由社会保险机构提供医疗费用补偿。医疗保险基金主要来自国家、企业和被保险人三方。但是，各国医疗保险制度类型不同，基金来源也有差异。实行国家医疗保险模式的国家，其基金主要来自国家；实行医疗社会保险的国家，基金主要为企业和雇主及被保险人缴纳的保险费、政府的补贴；而实行商业性医疗保险和储蓄医疗保险的国家，其费用主要由个人支付。

失业保险基金是由国家立法，强制征收失业保险费而建立起来的、对因非自愿失业而造成的劳动风险损失给予补偿的资金。参加失业保险的有关各方都必须按照法律和政策规定，及时、足额地缴纳失业保险费，以保证失业保险基金有足够的、可靠的、稳定的来源。与其他社会保险基金不同，失业保险基金应当适度征集，以避免丰裕的失业保险基金带来过度标准的失业保障待遇。失业保障待遇标准过高往往带来不利的社会和经济后果，即造成劳动者对失业保险的依赖思想，不愿接受工资偏低或"不体面"的工作。同时，失业风险本身的特点也决定了失业保险基金规模不宜过大。疾病风险涉及众多的对象，老年风险更是涉及每一个劳动者，相对而言，失业风险只涉及少数劳动者，因此失业保险基金的规模相对较小。

工伤保险基金是指劳动者因工作受伤、患病、残疾乃至死亡，暂时或永久丧失劳动能力时，从国家和社会获得医疗、生活保障及必要的经济补偿所需要的资金。同其他社会保险基金相比，工伤保险基金具有显著的赔偿性质，因此保险金一般都由企业负担，劳动者个人不缴费。

生育保险是针对女性劳动者的一种社会保险制度。女性劳动者除了要参加劳动和工作外，还负有生育子女、使劳动力再生产且不断延续的重要职责。而女性劳动者在生育期间，由于暂时丧失了劳动能力，一方面需要得到医疗保健保障，另一方面还需要得到基本生活保障。生育保险基金就是妇女劳动者在因生育子女而暂时丧失劳动能力时，从社会和国家得到保健服务和物质帮助所需要的资金。生育保险基金的来源有个人、企业和国家三种渠道，在不同的国家有不同的分担方式。

（二）根据筹资模式分类

社会保险基金的筹集按资金调剂范围可分为社会统筹模式和个人账户模式，前者主要体现为社会成员之间横向的收入调剂和风险分担，后者主要体现为职工一生收入的纵向调剂和风险分担。按是否有基金积累可分为现收现付制和基金积累制。在实践中通常是上述两种划分方式的结合，派生出四种模式：一是现收现付社会统筹制；二是个人账户储存基金制；三是社会统筹部分基金积累制；四是社会统筹和个人账户相结合部分基金积累制。

现收现付社会统筹制是由社会保险基金征收机构按以支定收的原则筹资，即由雇主和雇员（或全部由雇主）按工资总额的一定比例（统筹费率）缴纳保险费（或税）。这种方式是以支定收、不留积累，其主要特点是费率调整灵活，社会共济性强，易于操作，比较容易克服基金受通货膨胀和利率波动的影响，具有通过再分配达到以公平为主导的特征，它是各国包括养老、医疗、失业等所有社会保险险种采用的传统的筹资模式。但这种模式已面临人口老龄化的挑战，因为随着退休人员与在职职工的比例日益提高，就业的年轻一代所承担的已退休一代人的经济负担日益加重，因而各国政府都将面临退休高峰期养老金支付危机,并将严重影响经济发展和社会稳定。

个人账户储存基金制是从职工参加工作起,按工资总额的一定比例(缴费率)由雇主和雇员(或只有一方)缴纳保险费,记入个人账户,作为长期储存积累增值的基金,其所有权归个人,按照基金领取的条件,一次性领取或按月按用途领取。该模式的主要特点是激励机制强,透明度高,利于监督管理,能形成预筹基金,进入资本市场经营,长期积累增值,个人为未来作出长远保障,具有以效率为主导的特性,较易处置人口老龄风险,也不会引起代际转嫁负担大的社会矛盾。个人账户储存基金制源于企业雇主为职工建立的养老金制度。西方发达国家第二层次的补充性保险普遍采用个人账户储存基金制模式。

社会统筹部分基金积累制是在社会统筹制度的框架内建立部分基金积累。这种模式在许多国家建立养老保险初期存在一段时间,随着退休人员的增多和支出额的增加,事实上都转入了现收现付统筹制,而现在出于抵御人口老龄化将出现的支付危机,再度建立部分基金积累。我国养老保险制度改革初期提出"以支定收,略有结余,留有部分积累"原则,就是这种模式。但从国际上看,在社会统筹框架内建立部分积累基金能否实现投资营运管理保值增值尚未有成功经验。

社会统筹和个人账户相结合部分的基金积累制是一种创新模式,从理论上看,在维持社会统筹现收现付制度框架的基础上引进个人账户储存基金制的形式,积累基金建立在个人账户的基础上,具有激励机制和监督机制,同时又保持了社会统筹互济的机制,聚集了"两制"之长,防止和克服了"两制"的弱点和可能出现的问题。我国现阶段养老和医疗保险制度的改革正是采用社会统筹和个人账户相结合的模式。但是由于改革实践处于起步阶段,制度不健全,操作不规范,还需要从理论上进一步研究,并在实践中解决。

此外,随着社会保障实践的发展,除以上四种模式外,各国社会保险基金管理改革也出现实践创新,名义账户制(NDC)便是制度模式的新发展之一。它自20世纪90年代后半期在欧洲国家兴起后,逐渐成为国际社会保险改革热议的焦点。该模式遵循确定缴费制(DC)的制度设计,具有激励效应,与劳动力市场关联更紧密;其积累的基金又沿袭现收现付的运行实质,同时具备向财政补贴型制度(FDC)转化的可能性。名义账户制的发展,为社会保险基金管理改革提供了新的思路,尤其在我国转制成本和个人账户空账运行的历史约束下，凸显出其设计优势。

（三）根据基金所有权分类

社会保险基金根据基金所有权分类，有公共基金、个人基金和机构基金。

公共基金为公共所有，其来源有财政拨款、按法律规定由雇主或雇员缴纳的社会保险费（税）、社会捐赠、国际赠款。例如，养老、医疗、失业、工伤、生育等社会保险基金中属于社会"统筹"的部分。

个人基金是归个人所有的非财政性社会资金，但它不同于银行存款和各种有价证券的资金。它是按法律、法规、规章缴费并记在个人账户用于专门用途的基金。例如个人账户的养老保险基金等。

机构基金是用于单位为其职工建立的福利性社会保险基金，所有权归集体，或部分地归集体，按照国家的政策和单位的规章对符合条件的职工给予补贴的资金。例如用人单位的福利基金等。

（四）根据基金的营运管理方式分类

根据基金营运管理方式分类，有财政性基金、市场信托管理基金、公积金基金。

财政性基金按目前管理方式又分为预算内管理资金和预算外管理资金。1996年发布的《国务院关于加强预算外资金的管理决定》明确指出，预算外资金是：国家机关、事业单位和社会团体为履行或代行政府职能，依据国家法律、法规和有法律效力的规章而收取、提取和安排使用的未纳入国家预算管理的各种财政性资金。社会保险各类保险基金中的社会统筹基金属于公共所有的基金，按上述《决定》规定纳入国家预算外管理，建立财政专户，收入上缴财政专户，支出由财政部门按预算外资金收支计划从专户中核拨。

市场信托管理基金的来源按契约或章程，由用人单位和职工（或用人单位一方）缴存，记入个人账户，由基金法人委托受托人管理基金，基金营运管理（包括投资营运）通过市场竞争委托金融中介机构（基金管理公司、投资管理公司）具体运作。凡以个人账户储存积累式的基金均可按这种管理方式管理，如企业补充养老保险基金，受益人是拥有个人账户的职工，基金会法人是基金资产的名义持有人，作为资产所有人的法人代表行使基金管理决策职能，委托金融中介机构营运管理。

公积金基金是按照法律、法规规定，由用人单位和职工缴存，记入个人账户，产权归个人所有的基金。不属财政性资金，也不同于银行储蓄资金，由法律规定用途和领取条件，并由法定机构（属金融机构）营运管理，综合用于养老、医疗等保障功能，如新加坡的中央公积金制度。

二、社会保险基金的性质及本质

社会保险基金的性质及本质体现在以下方面：首先，社会保险是一种社会政策，服务于既定社会目标；其次，它又是劳动者的一种权利，是由国家法律来保证实施的，在履行缴纳保险费义务之后，每一个社会劳动者都有权通过社会保险来维持个人及其家庭的基本生活；最后，社会保险也是一种有效的经济补偿手段，通过所有社会劳动者的互助互济，实现对少数遇险劳动者的收入损失补偿。从这个角度讲，社会保险是由国家根据全体社会劳动者的共同需求，以保险的形式对个人收入实行调节，是一种特殊性质的个人消费品再分配手段。

社会保险的这种性质与本质决定了社会保险基金的性质。社会保险基金是社会保险制度的物质基础，也是各国社会保险法的中心内容。一国的社会保险制度实际上就是围绕着社会保险基金的筹集和使用范围、形式、标准等内容设计、制定的；同时，在社会保险制度运行过程中，如果不能及时、足额地征集社会保险基金并合理、有效地使用社会保险基金，社会保险制度就难以贯彻落实，社会保险制度的保障作用就有可能落空。

从社会保险基金的来源和使用方向来考察其性质，社会保险基金是在国民收入的初次分配及再分配过程中形成的，是从国家财政收入、企业收入和劳动者收入中分解出来，用于社会保险事业的一种社会后备基金。具体来说，一方面，国民收入经过初次分配形成国家、企业或集体、个人的原始收入，政府通过财政拨款、企业或单位统筹及个人缴费等方式来建立社会保险基金；另一方面，根据一定的法定条件实现国民收入再分配，向不同项目的社会保险对象提供经济援助。因此，社会保险基金的建立在实践中是先积累后支付的，从而客观上表现为社会后备基金形态。

第三节 社会保险基金的主要功能

社会劳动者生产出来的物质资料是经济与社会发展的基础。因此，为维持社会生产正常进行，保护社会劳动力再生产，保障社会劳动者及其家庭生活安定，国家有必要建立一种制度，用一定的方式筹集备用基金，当社会劳动者因社会风险受到损失时,即由基金出资给予一定的经济补偿。社会保险正是这样一种制度。因此,为社会劳动者及其家庭提供基本生活保障,是社会保险基金的基本功能。同时,由于社会保险的运行方式和本质特征,社会保险基金还具有下述具体功能。

一、社会保险是稳定社会的"减震器"

社会劳动者的老、弱、病、残、孕以及丧失劳动能力,是无论在哪个时代和社会制度下都普遍存在的客观现象。在现代社会中,随着生产的高度社会化和分工协作的发展,风险因素日益增多,其危害程度也在加剧。

面对各类风险和收入损失,众多社会劳动者可能陷入生计无着的困境,同时也得不到及时的解决。这种情况将成为社会的一种不稳定因素。为了解决这个问题,提供社会保险基金补偿给予遇到劳动风险的劳动者及其家庭,可以保障他们的基本生活需求,从而有效地消除这种不稳定因素,减少社会的动荡。

通过建立社会保险制度,社会劳动者在面临老龄化、疾病、残疾、孕期以及丧失劳动能力等风险时能够得到一定的经济支持。这样的保障措施可以帮助他们渡过难关,维持基本的生活水平。社会保险基金的补偿给予了这些劳动者以及他们的家庭一种安全感,让他们有信心面对困难。

此外,社会保险基金的补偿还能够减轻个人与家庭的经济负担,降低贫困风险。对于一些特殊群体,如残疾人、孕产妇等,社会保险的重要性更加凸显。他们可能面临更高的医疗支出和生活费用,需要更多的帮助和支持。社会保险基金的补偿,可以提供必要的经济援助,使他们能够获得合理的医疗服务和社会资源。

二、社会保险是社会劳动力再生产顺利进行的重要保证

劳动者因疾病、伤残或失业而失去正常的劳动收入,会导致劳动力再生产过程陷入不正常状态。然而,通过建立社会保险基金,我们可以为劳动者提供必要的经济补偿和生活保障,从而帮助劳动力恢复正常状态。

社会保险基金的重要性在于,它为劳动者面临的各种社会风险提供了支持。例如,医疗保险通过提供医药费补贴和治疗服务,帮助患病和受伤的劳动者早日恢复健康,重新回到工作岗位。这不仅对劳动者个人来说是一种保障,也有助于维持劳动力整体的稳定和正常运转。

社会保险基金的补偿可以减轻劳动者在困境中的经济负担,保障他们

的基本生活需求。当劳动者遭遇疾病、伤残或失业时，他们往往需要支付高额的医疗费用或面临收入的突然中断。社会保险的存在可以帮助他们应对这些挑战，保证他们及其家庭的基本生活水平。

此外，社会保险基金的补偿还促进了社会的公平与包容。它确保了所有劳动者都能够享受到相应的保障，而不会因为个人的风险遭遇而陷入贫困或社会边缘化。这有助于消除社会不平等现象，促进社会的和谐与稳定。

综上所述，社会保险是确保社会劳动力再生产顺利进行的重要保证。通过为劳动者提供经济补偿和生活保障，社会保险基金帮助他们克服疾病、伤残和失业等风险，恢复正常的劳动能力。这种制度的存在不仅保障了劳动者的基本权益，也促进了社会的稳定和发展。因此，建立和完善社会保险制度是一个重要的任务，以确保每个社会劳动者都能够在面对风险时获得必要的支持和保障。

三、社会保险是调节收入差距的特殊手段

在市场经济条件下，劳动者之间存在着劳动能力、社会机遇等方面的差异。那些劳动能力较弱或家庭负担较重的劳动者，在平时的生活中可能面临较大的困难。然而，如果他们遭遇风险事故或意外情况，他们个人及家庭的生活就可能陷入困境，同时也会进一步扩大社会的分配差距。如果不适时调节这种分配差距，社会成员之间的矛盾将会激化，这对于社会的稳定和生产发展都是不利的。因此，社会保险作为一种特殊手段，可以通过法律手段强制征集保险基金，并按照社会公平原则将其分配给收入较低或失去生活来源的劳动者，帮助他们度过困境。

社会保险的存在可以在一定程度上调节社会劳动者之间的收入差距，实现社会的公平分配。通过为劳动者提供经济补偿和生活保障，社会保险帮助那些处于不利地位的劳动者渡过难关，提供了一种公正的社会支持机制。

社会保险的重要性在于，它能够平衡不同劳动者之间的社会分配差距，避免贫富差距的进一步扩大。通过社会保险制度，社会能够更加平等地分配资源和机会，减少社会不平等现象，促进社会的稳定和发展。

综上所述，社会保险是一种调节收入差距的特殊手段。它通过强制征集保险基金并按照公平原则进行分配，帮助那些收入较低或失去生活来源的劳动者度过困境。这种制度的存在有助于实现社会的公平分配，减少社会矛盾，维护社会的稳定和生产发展。因此，建立健全的社会保险制度对于构建一个公平、稳定和可持续的社会体系至关重要。

四、社会保险对经济发展的促进作用

一方面，经济的发展需要稳定的社会环境，社会保险通过社会保险基金的筹集和发放，对社会成员收入水平进行调节，对社会成员基本生活提供多方面的保障，避免了一部分社会成员因生活陷入困境而产生对抗社会的现象，缓和了社会成员的阶层矛盾，从而为经济发展营造稳定的社会环境，这是社会保险基金对经济发展的最大贡献。

另一方面，社会保险通过对劳动者多方面的保障，又直接促进着经济的发展，如社会保险既是劳动力资源高效配置的关键性机制，又是促进劳动者身体、心理及技能素质提高的重要保障机制，从而对经济发展起着直接的促进作用。

此外，雄厚的社会保险基金还能够有力地支撑经济发展，并对资本市场和经济发展的格局产生影响。

五、社会保险对社会文明发展的促进作用

社会保险是一种社会互助共济的经济形式，体现了互助合作和同舟共济的思想。公民参加社会保险时，遵循的是权利与义务基本对等的原则，这体现了公民先尽义务、后享有权利的关系。这种原则有利于处理好个人利益与社会利益、眼前利益与长远利益之间的关系，对于增强公民的责任感具有积极的意义。

通过参与社会保险，公民承担义务缴纳保险费，为社会保险基金的筹集作出贡献。这种互助合作的机制为社会提供了一种公平的资源分配方式。同时，社会保险基金的发放也为社会创造了良好的物质条件，以发扬尊老爱幼、扶贫济困、友爱互助的精神。

社会保险的存在和发展对于促进社会文明的发展具有重要作用。它不仅通过保障个人的基本生活需求，减轻个人和家庭的负担，还在更深层次上培养了公民的责任感和社会意识。社会保险的互助合作理念促使人们更加关注社会公共利益，增进了人与人之间的相互信任和合作，促进了社会的和谐与稳定。

同时，社会保险的发展也为社会提供了稳定的社会保障体系，减少了社会不安定因素的存在。这有助于创造一个公平公正的社会环境，促进社会的繁荣与进步。

综上所述，社会保险具有促进社会文明发展的重要作用。它体现了互

助合作、同舟共济的思想，通过公民参与、责任感的培养和社会资源的公平分配，促进了社会的和谐与稳定。

第四节　社会保险基金的运行

一、社会保险基金的不同来源

社会保险险种不同，其基金的来源也不同。从各个国家的实际情况来看，除工伤保险基本上完全由企业负担外，其他保险项目的基金，一般均由劳动者个人、用人单位及国家三方出资形成。[①]大体上可以分为四种出资模式，即个人、企业和国家共同分担的出资形式，企业和国家分担的出资形式，个人和企业分担的出资形式，个人和国家分担的出资形式。[②]社会保险基金主要来源于个人缴费、企业缴费、政府资助或补贴、基金的投资收益四种形式。

在世界上实行社会保险的国家和地区中，有半数以上在养老保险基金的来源上，均实行三方负担原则，所有被保险人都要按工资收入的一定百分比缴费（或按统一数额缴费），养老保险大都是强制性的，一般是采取定期从工资中扣除的形式；企业按职工工资总额的一定百分比为职工缴纳；国家财政也给予不同形式的支持。

总之，社会保险基金一般实行三方负担原则。首先要求被保险人在劳动适龄期间从事有收入劳动，按收入的一定比例缴纳社会保险费，年老退休或发生其他意外时才有资格享受社会保险待遇。同时，企业也要负担部分费用。企业缴费一般是以职工工资总额或工资总额加退休费总额两项之和为基数，采用社会保险主管部门统一确定的比例提取，列入企业的生产成本或营业外支出。对于职工来讲，这是一种福利，而从企业的角度来看，为职工缴纳的保险费是作为对劳动力价格的扣除计入成本的。这笔费用最终要转移到消费者身上，它既是人工成本的一个组成部分，也是利润、产品服务价格、收益和税收的一部分。因此，这部分资金实际上是由全社会负担的。国家在保险资金的来源上也负有一定责任。国家财政向保险基金

---

①我国生育保险职工个人不缴费。
②这一出资模式随着多层次养老保险体系中"零支柱"及匹配缴费制（MDC）的兴起而发展，在我国集中表现在城乡居民养老保险制度的筹资方式中。

拨款，用来弥补个人和企业缴纳保险费与实际开支之间的差距，或者直接承担部分保险费开支，或者弥补行政管理费开支。国家的主要资金来源是税收，也有少数来自专门指定用途的税式货物（如烟草、汽油和酒精饮料等）。此外，还有其他经营性收入，如利息、利润以及社会捐赠等也可进入社会保险基金。

二、社会保险基金筹集的方式

（一）社会保险基金筹集的含义及意义

社会保险基金的筹集是指由专门的社会保险基金征收机构，按照社会保险制度所规定的计征对象和方法，定期向劳动者所在单位或劳动者个人征收社会保险基金的行为。

社会保险基金的筹集需要处理以下几个方面的问题。

第一，国家、企业（包括雇主，下同）和个人分担比例的确定。这种比例关系直接体现了各方在社会保险中的权利与义务关系，对社会保险制度的有效性具有直接的影响，需要考虑的因素很多。例如，既要考虑国家的财政负担能力，又要考虑保证企业的合理积累和发展，还要保证劳动者的合法权益。

第二，社会保险基金筹集的具体方式，即国家、企业和个人应分担的保险费通过什么途径进入保险基金。

第三，社会保险费征收的比率，同一征收比率，对于效益较好的企业或高收入阶层的劳动者可能无足轻重，但对于低收入者来说就可能成为沉重的负担。因此，保险费率必须慎重确定。

第四，社会保险费征收的基础，即如何确定保险费征收的计算基数。例如，是以在职人员的工资为基数征收，还是以在职人员的总收入为基数征收；征收基数是否应包括诸如利息、其他所得等。在收入来源多层次化的情况下，保险费征收基数的确定影响着社会保险对社会分配调节功能的发挥。

第五，社会保险费征收基准的上限和下限。保险费在什么标准内征收，涉及劳动者基本生活水准和最低收入线问题。收入超过下限标准，就须按一定比例缴纳保险费，收入达到一定上限，超过部分就不再征收保险费。所以，征收的上限和下限，关系到低收入者和高收入者的实际利益，更关系到社会保险社会公平效能的发挥。

社会保险基金是劳动者个人或所在单位缴纳的保险费，但其本质上是劳动者新创造价值的一部分，是专门用于补偿丧失劳动能力或失去工作机会的劳动者的经济收入损失、保障劳动者基本生活的那一部分剩余产品。因此，从性质上讲，社会保险基金是社会后备基金的一种。社会后备基金除社会保险基金外，还有集中形式的社会后备基金、分散自保形式的后备基金，以及商业保险形式的后备基金。我国由全国社保基金理事会管理的社会保障基金就是国家为应对人口老龄化挑战而建立的一项特殊的战略储备基金。集中形式的后备基金主要用于大规模自然灾害和突发事件时的紧急支付，对于局部地区以及单位和个人的劳动风险事故和经济收入损失，不能保证补偿；分散自保形式的后备基金主要为个别经济单位自身存留准备金，其能力十分有限，也不能做到完全分散风险损失，无法满足较大数额的补偿费需求；商业保险所形成的保险基金只用于参加商业保险的社会成员，不能超越等价交换的原则而使用；而社会保险基金则是在国家的社会保障基金和个别经济单位自保资金以外的、由社会保险专门机构根据大数法则和实际开支需求，以法律保证大范围强制集中起来的专用基金，因此它是应对劳动风险损失、确保劳动者基本生活需要和社会安定的最稳定、最可靠和最科学的手段。

社会保险基金的筹集和管理是社会保险制度的基础和核心，如果无法征集到社会保险所需要的基金，社会保险的保障作用就无从谈起。社会保险的强制性也主要体现在保险基金的筹集中，通过强制手段保证有关企业或劳动者个人履行社会保险义务。

征集社会保险基金是合理负担社会保险费用的需要，社会保险基金的征集过程实质上是分摊社会保险费用的过程，征集社会保险基金也是提高社会保险保障能力的需要。社会保险的保障能力表现在两方面：一是对多大范围的劳动者提供社会保险，二是对劳动者的保障水平如何。提高保障能力既要扩大对劳动者的保障面，又要提高保障标准，而这两方面都取决于社会保险基金状况，取决于社会保险基金征集的状况。

（二）社会保险基金筹集的基本原则

1. 遵循效率性原则

社会保险基金的筹集，要保证社会经济运行的效率性，不能对社会经济发展造成障碍。发展、效率和保障之间存在着相互联系、相互制约的关系，效率是发展的基础，保障是发展的目标，效率又是社会保障的前提，没有经济效率也难以保证社会保险制度的顺利运作。因此，在进行社会保险基金筹集决策的时候，要兼顾促进社会公平和生产效率两个方面，使收入和财富分配得更加平等。这需要协调安排好社会保障基金的国家、企业和个人的负担比例。国家负担的比例过高，会导致社会保险开支剧增，超过经济发展的承受能力，同时还会助长依赖思想，削弱劳动者的积极性，造成劳动力资源闲置，效率得不到保证。企业或雇主负担比例过高，又必然影响企业的积累和扩大生产投资，削弱企业在市场上的竞争能力，使经济活动能力下降。个人的负担比例增高，国民可供支配的现金就会减少，并减少对金融市场的参与，从而进一步影响宏观的投资和生产过程。因此，应当兼顾三方面的"利益"。

2．遵循公平性原则

社会保险基金的筹集和支付过程也就是社会收入的二次分配过程。既然是分配过程，分担的公平就是至关重要的。若社会保险费的分担存在着不公平，社会保险费的征收就会出现困难。通过社会保险手段实现收入再分配，可以分为垂直面上的再分配和水平面上的再分配，用公平的概念来表述，则是垂直的公平和水平的公平。

通过征集社会保险费用，使高收入者的生活资料和购买力向低收入群体的人们转移，有助于实现垂直的公平。由于市场机会和个人能力等方面的差异，一部分人属于社会的高收入阶层，而另一部分人则会因失业、疾病、年老等特定社会风险而陷入贫困，无法凭借自己的力量维持生计。社会保险通过保险费负担而形成收入的转移，以确保低收入者最低生活水平的维持。

通过向同一收入层面上的人群分散社会风险，按照受益性的原则筹集社会保险费用，有助于形成水平的公平。如果说垂直的公平是救贫扶困，则水平的公平更有防贫的功能。按保险的原则，一方面是同一层面上的人们向社会保险机构缴纳保险费或向政府纳税，另一方面则是将现金转移给那些因面临社会风险而陷入困境的人。通过社会保险的纽带把人们连接起来，从而实现水平的公平，强化了社会的整合性。健康者和伤病者之间、在业人员和失业人员之间、工作的一代与退休的一代人之间，使不同地区、不同行业、不同职业、不同经济形式的人员之间互助共济，对所有社会成员形成保护机制，以应对各种突发事件，保障人们的基本生活。这是社会保险的基本功能。

3．遵循稳定性原则

社会保险制度要长期、持续地运转，必须在社会保险方式选择、基金结构、负担比例、筹集模式、基金的管理营运等各个环节建立起相对稳定的制度并有立法作保证。

4. 遵循收支平衡原则

社会保险基金是社会保险制度的物质基础，如果要为丧失劳动能力和失业劳动者提供基本生活保障，就必须满足在这方面的实际开支需求。因此，社会保险基金筹集的总的原则就是"收支平衡"，即一定时期内社会养老保险基金的筹集总额，按预计需要支付的社会养老保险费用总额为依据来确定，并使二者始终保持大体上的平衡关系。社会养老保险是"以支定收，收支平衡"原则。医疗保险基金遵循"以收定支，收支平衡"原则。

(三) 社会保险筹资的形式及选择

1. 社会保险筹资的具体形式

（1）社会保险税。社会保险税是国家为确保用于各种社会保险项目所需要的资金，而对雇主及受益人取得的工薪收入征收的一种税。

开征社会保险税是大多数国家普遍采用的一种筹资形式。以这种筹资形式筹集的社会保险基金直接构成政府的财政收入，成为政府预算的重要组成部分，因此社会保险收支平衡的状况会直接影响到政府财政收支平衡，组织和管理社会保险收支是财政部门的一项经常性工作。目前，社会保险税在一些国家中已成为仅次于个人所得税的第二大税种，在另一些国家中已超过了个人所得税而跃居第一位。

社会保险税是一种目的税，专门为社会保险筹集资金，其收入规模直接与社会保险及社会保障计划的开支规模有关。由于社会保险税专款专用，因而免受政府财政预算恶化时所造成的不利影响。一般地，社会保险税多由雇主和雇员分摊。各国的税率不一，其水平高低主要取决于社会保险的覆盖面及受益人的受益程度。税率的形式有两种：一种是比例税率，即在规定的税基限额下均适应一个税率；另一种是累进税率，即根据工薪收入的不同级距设置不同税率。

（2）社会保险统筹缴费。社会保险统筹缴费即由雇主和雇员以缴费的形式来筹集社会保险基金。社会保险基金由政府指定专门机构负责管理和运作，不直接构成政府财政收入，不足的部分由财政专款补助。因此，政府财政部门不直接参与社会保险基金的管理和营运，但对社会保险收支进行监督。实行社会保险统筹缴费的国家，保险项目比较繁杂，且每一项目都有相对独立的一套缴费办法。

（3）预算基金账户制。预算基金账户制是一种强制性储蓄。具体方法是将雇员的缴费和雇主为雇员缴的费存入个人账户。这笔款项及由此产生利息的所有权归雇员个人，政府仅有部分使用权和调剂权。新加坡是实行这一制度的代表国家。

2. 社会保险筹资具体形式的比较及选择

将以上三种筹资形式加以比较，我们可以得出如下结论：

第一，社会保险税和预算基金账户制比社会保险统筹缴费更符合效益原则，这主要表现在管理效率上。社会保险税的征收管理主要集中在财政部门，预算基金的收缴和发放都集中在公积金局，而统筹缴费则是将不同类型的社会保险费交给不同部门管理，管理比较分散，管理成本较高。

第二，社会保险税和预算基金账户制比统筹缴费有更强的约束机制。社会保险税的征收、管理和支付都有严密的法律规定，受到严格的法律约束；预算基金账户制是企业和个人按规定比例将社会保险金存入个人账户，没有收入就没有支出，具有很强的利益约束机制。而统筹缴费形式中保险费的收、管、用都是由地方、部门颁布的一些条例规定的，因而法律约束性不强，与缴费者个人利益关系不紧密，其约束机制明显不如前两者。

第三，社会保险税和预算基金账户制比统筹缴费更能体现市场经济所要求的公平。社会保险税和预算基金账户制不论收入高低，不受主客观条件的限制，参加社会保险的企业、个人都按统一的税率或费率缴纳保险费，否则不能享受均等的社会保险待遇。而统筹缴费形式则在费率和缴纳条件上划分收入高低差别、年龄差别和职业差别，尽管参加者都能得到社会保险待遇，但常因费率和待遇上的差别而挫伤一部分人的积极性，消极因素较多。

第四，社会保险税比预算基金账户制更具有适应性。预算基金账户制下的缴费比例较高，且须建立个人账户，管理较复杂，适用人口较少、地区差别不大、个人收入差别不悬殊、经济发展水平和管理水平均较高的国家。社会保险税的征收则没有这么多要求，只要能保证收支略有结余，社会保险法规较完善，利用已有的税收征管机构和国家预算执行系统就能实施征收和管理。

三、社会保险基金支付的具体方式

社会保险基金支付是指社会保险基金管理机构按照法律法规规定的条件、标准和方法支付各类社会保险金，以实现保障社会保险计划参与者基本生活需要的目标。社会保险基金转化为各种社会保险金给付，也是社会保险政策最终目标与其保障功能实现的体现。社会保险基金最终，一般是以货币形式支付，如养老保险金、失业保险金和部分医疗保险津贴，部分是以实物形式和服务形式支付，如养老服务和医疗服务。

社会保险基金支付的具体方式与具体的社会保险种类以及该种类的特征、功能是紧密相关的。以养老保险金支付为例，养老保险金由于是用于劳动者退休后的养老生活保障的，所以大多数国家都禁止将养老金账户金额一次性支付给领取者，而一般要求通过退休年金、分期支付等方式进行。在养老金退休给付的方式上，拉美许多国家采用年金、定期给付、递延年金三种给付方式，而中东欧国家的年金给付是其唯一形式。

四、社会保险基金的运行条件与平衡条件

社会保险基金能否有效运行，决定和影响着社会保险制度的制度绩效，社会保险基金运行需要必要的运行条件和平衡条件。由于社会保险基金内在的特殊性，社会保险基金的运行条件和平衡条件受诸多因素的制约。

（一）社会保险基金的运行条件

立足于社会保险制度体系而言，社会保险基金能否正常运行，取决于社会保险制度是否具有可持续性、社会保险基金管理模式的合理性与社会保险基金管理与监督的有效性；而立足于社会保险基金运行的外部环境而言，社会保险基金能否正常运行还取决于宏观经济环境、金融市场环境、财政环境以及人口法律环境等因素。

1. 稳健的经济发展环境与完善的金融市场

经济发展水平制约了社会保险制度的保障范围和保障程度，经济发展程度决定了人们对社会保险的需求程度，也决定了有关经济主体是否有能力为社会保险制度提供资金支持。经济的健康发展，保证了在既定社会保险制度下良好的缴费能力，在一定程度上保证或者提高了社会保险制度的筹资能力；富有效率的经济发展水平，意味着微观经济主体企业有良好的经济效益和利润水平，这也为社会保险基金投资于其准许投资的项目提供了投资利润的来源。立足于更高的整合层面，与经济发展水平相适应的社会保险制度，才有可能实现社会保险制度与经济增长的相互促进。

完善且具有效率的金融市场是社会保险基金投资运营的重要前提条件，是社会保险基金保值增值的重要场所。金融市场的成熟度、金融机构监管系统的完善程度和风险控制能力也将制约和影响养老基金的发展，具体体

现在金融市场的成熟度决定了社会保险基金管理模式的选择，决定了社会保险基金的投资范围与具体的投资工具种类，决定了社会保险基金管理的监督模式选择。金融市场的开放程度决定社会保险基金投资的资产质量与资产结构，金融市场的效率及其资源配置功能决定和影响社会保险基金管理的效率。完善的金融市场也是社会保险基金与金融市场互动的重要经济条件，没有一个完善的金融市场，就难以实现社会保险基金与金融市场的互动，没有规模巨大的社会保险基金在金融市场的参与，金融市场也难获得长足的发展。

2. 可持续发展的社会保险制度

社会保险制度是社会保险基金运行的制度载体。只有一个具有可持续性的社会保险制度，才能保证社会保险基金的筹资、投资与代际内或代际间支付的连续性；只有一个具有可持续性的社会保险制度，才有可能形成对社会保险制度的可信任度和制度良性预期，进而形成社会保险基金稳健运行的制度基础；只有一个体现公平与效率的社会保险制度，才能充分体现社会保险制度的保障性和内在激励性，使社会公众参与到社会保险制度体系中来，形成日渐强大的社会保险基金。

3. 有效的社会保险基金管理模式

在健康的经济发展环境和完善的金融市场条件下，具有良好制度基础的社会保险基金要保证其良好运行，还应该选择和社会保险制度相对应的、有效的社会保险基金管理模式。目前，社会保险基金管理有多种模式，有强调政府集中管理的模式，如新加坡、马来西亚等国的中央公积金；有强调按委托而建立的信托基金管理模式，如美国、日本；有按私营竞争性原则运作的基金管理模式，如智利。根据不同的社会保险制度模式，选择其相适应的社会保险基金管理模式，强调对不同社会保险基金的分类管理和分层管理，是社会保险基金管理的重要内容。

4. 富有效率的社会保险基金投资营运与监管管理

社会保险基金的投资营运与管理成为社会保险基金管理的核心内容，富有效率的社会保险基金投资营运，能够充分保证社会保险基金的保值增值，在完全的现收现付的财务制度中，在一定的条件下可以减少现行制度参与者的缴费率，进而增加制度参与者的可支配收入，增强企业在国内与国际市场中的竞争力；在完全基金制的财务制度中，在缴费基础相对稳定的条件下，较高的投资收益率可以形成制度参与者较高的退休金价值。因此，确定社会保险基金的投资范围，运用现代投资组合技术与社会保险基金的投资组合策略，选择其有效的战略性资产配置与战术性资产配置技术，注重资产负债管理与整合风险管理技术的运用，是社会保险基金投资营运的重要内容。

社会保险基金运营的监督管理是社会保险基金正常运行的重要保证，缺失有效监督管理的社会保险基金必然影响甚至动摇社会公众对社会保险制度的信任，最终影响社会保险基金管理和社会保险制度的良性运营。社会保险基金监管包括社会保险基金监管模式选择、社会保险基金投资营运的各项规则的建立与完善、投资营运机构的认定、投资营运与行政管理的各类制度准则、信息披露制度的建立与完善、监管体制及其职能划分等内容。

5. 相适应的财政经济条件

社会保险基金的社会目标性与政府干预性决定财政在社会保险基金管理中的特定地位与作用。诚然，不同的社会保险基金筹资模式（如现收现付制与基金制）与财政的关系有所不同，但都离不开财政的参与和支持，特别是财政对社会保险基金管理和社会保险制度承担终极责任（如最低保证养老金制度、社会救助性养老金等）。各项社会保险基金的筹集、支付范围与支付标准，都将影响国家财政收入与支出的水平。在实行社会保险税筹资的社会保险制度中，社会保险资金筹集直接形成政府的财政收入，在实行社会保险费的社会保险制度中，财政的转移支付能力与水平影响和制约着社会保险基金的财务平衡状况，政府对社会保险缴费的有关税收优惠规定也直接影响着政府的财政收入和社会保险基金的收支状况（如中国企业年金的税收优惠现实问题）。社会保险基金的较大盈余也将减轻财政在社会保险基金转移支付中的压力，使财政资金能够用于其他投资项目。因此，社会保险基金管理模式选择、社会保险金给付水平、社会保险基金的筹资与投资能力，都必须充分考虑到国家现实的财政条件。

（二）社会保险基金的平衡条件

社会保险基金的筹资模式有现收现付制、基金制以及部分基金制三种模式，在技术机制上，这三种运行模式各有不同，但都必须遵循其内在的平衡条件，即社会保险的各项资金来源应该与社会保险金的各项支出项目保持某种程度的平衡。社会保险基金的平衡既应包括短期平衡，也应充分关注其中的长期平衡。

不同种类社会保险基金的平衡条件有其具体的运行机理，现以养老保险的现收现付制与完全基金制筹资模式为例,来分析养老保险基金的平衡条件。

1. 现收现付制养老基金的平衡条件

现收现付养老保险基金的财务平衡机制是"以支定收,略有结余",完全现收现付制的养老保险基金的平衡条件可理解为"用缴费者当年保费收入支付退休者当年养老金给付"(即这一代人的缴费作为上一代人的养老金给付)。

在现收现付制度中,养老保险基金保费收入取决于缴费率和工资总额,保费支出则取决于工资替代率和制度赡养率,工资替代率取决于养老金给付水平和社会平均工资状况,制度赡养率取决于人口年龄结构和退休年龄。

因此,在现收现付养老基金中,要让每一代人承担的缴费水平和工资替代率水平基本相当,就要求制度赡养率相对稳定。而在人口老龄化背景下,制度赡养率会越来越高,要保证现收现付养老基金的收支平衡,或者是提高养老保险缴费率,或者是降低这一代人或下一代人的工资替代率(养老金给付水平)。而缴费率具有一个相对的上限,工资替代率(养老金给付水平)具有相对的刚性,这都对现收现付养老基金的收支平衡形成较大影响。

2. 完全基金制养老基金的收支平衡分析

完全基金制养老保险制度是代际内的自我赡养保障模式,其财务平衡机制体现为制度参与者"保费及投资收益在退休时的终值等于未来养老金给付在退休时的现值"。

在完全基金制条件下,影响养老保险基金收支平衡的因素不仅有保费率、预期退休金水平和自我负担率,还与基金收益率、退休年龄等因素相关。在养老金缴费一定的情况下,养老基金投资收益率越高,退休年龄延长,退休养老金的累积价值就会越大;反之,在未来退休金累积价值一定时,养老基金投资收益率越高,工作期间缴费时间越长,工作期间缴费率则相对较低。而在经济现实中,由于经济增长具有周期性,投资收益具有变动特征,人均寿命总体上具有延长趋势,完全基金制下的养老基金平衡是在一种动态条件中的不断调整的动态过程。

第二章 社会保险基金预算管理基础理论

第一节 社会保险基金预算的基本内涵

一、社会保险基金预算的特征及作用

社会保险基金预算是根据国家的社会保险和预算管理法规建立的年度计划,反映了社会保险基金一年的收支情况。各级政府按照法律法规,对社会保险基金预算的编制、汇总、审批、执行、调整和决算进行全程监督和管理。社会保险基金预算管理能全面了解基金的收支状况,实现收支平衡,控制社会保险事业的发展规模和方向,保证社会保险制度的平稳运行。

(一)社会保险基金预算的主要特征

社会保险基金预算是政府调控社会保障制度发展的重要工具,主要有以下五个特征。

1. 公共性

社会保险基金预算在对资金进行分配的过程中,首先考虑的是满足全体公民的社会保障需求,而这一需求具有公共性特征,因此社会保险基金预算具备公共性的特征。基金预算的编制、审批、执行等各个环节都要坚持公开、公平、公正的原则,这样才能体现其公共性。

2. 全面性

社会保险基金预算是对整个社会保险的全部收支项目进行预算,对各个项目资金的运转情况、资金使用范围等都做了详细的计划。社会保险基金预算的全面性为基金监督机构提供了监督条件,同时也有利于公众全面了解社会保险基金,确保基金用于各项保险待遇支出。

3. 复杂性

社会保险基金预算的预算资金来源构成非常复杂,不仅包括养老、医疗、工伤、生育和失业方面的基金预算,而且每个险种还要根据实际情况划分出不同的类型。在我国,仅养老保险基金从大的方面就可分成企业职

工、城镇居民、农村居民和机关事业单位等类型。有的社会保险基金预算收支不仅要维持短期平衡，还要维持长期平衡，如养老保险基金预算，劳动者从缴纳社会保险费用到领取社会保险费用，整个过程跨度达到几十年，要在这么长的时间跨度维持预算平衡，在技术操作上也比较复杂。

4. 强制性

社会保险基金预算是严格按照法律制度建立起来的，政府需要依据已有的规章制度和方法来进行编制，在预算执行的过程中，也要严格依法办事。社会保险基金预算自身的特点也使其具有强制性。以养老保险为例，该部分的资金主要用于退休人员的养老金，在征收保险费时，如果不缴纳费用，则不会给其发放养老金；在发放养老金时，对于每个领取养老金的公民，则每一分钱都不能少，这体现出了社会保险基金预算收支的强制性。对于社会保险制度来说，如果没有强制性作为保证，风险就难以在最大范围内分担。此外，保险市场存在逆选择，如果社会保险基金不采取强制缴纳方式，那么其资金来源就非常不稳定，社会保险项目也将无法顺利实施。强制性不但体现在社会保险基金的预算编制方面，还体现在预算执行方面，一旦预算编制完成，基金的支出必须要严格执行预算程序，不得将基金用在其他地方。

5. 特定性

社会保险基金预算的特定性主要体现在社会保险基金收支的专款专用性方面。从全世界来看，社会保险基金主要来源于专项的税费，其基金支出又有着特定的目的。

（二）社会保险基金预算的重要作用

社会保险基金预算发挥了重要的作用，主要包括以下五个方面。

1. 有利于提高社会保险基金管理水平

建立健全社会保险基金预算是完善社会保险制度的重要方面。通过社会保险基金预算，将社会保险基金纳入政府预算管理，有利于全面掌握基金收支运行情况，便于将各项与社会保险基金预算有关的资金统筹安排，增强社会保险管理的计划性和规范性，推动社会保险制度完善和社会保险政策落实。社会保险基金预算有利于社会保险事业编制长期和短期计划，也有利于社会保险经办机构、财政部门、税务部门、银行、企业将社会保险基金及时足额入库和拨付。

2. 有利于筹集和分配社会保险基金

社会保险基金预算是国家有计划地筹集和分配社会保险基金的重要手段。社会保险基金预算具有法制性、规范性和透明性的特点，可以保证政府所掌握的资源合理分配，推动资源配置向帕累托效率接近。面对公共物品理论，每个消费者所面对的是同样数量的公共物品和服务，但他所愿支付的价格是不一样的。因此，编制社会保险基金预算时，要考虑多种缴费基数，以满足各种人群的需要。通过征税和收缴社会保险费，可以集中一部分国民收入，形成社会保险基金收入，再按照养老、医保、失业、工伤等社会保险基金保障目标，将资金分配给每个需要保障的公民。"林达尔定律"[①]和"免费搭便车"[②]理论可以解释社会保险基金预算政府征收税费和补助缺口的现象。如果免费搭便车的问题不可避免，那么只有依靠政府部门使用公共财政来提供公共物品。在现实中，政府部门往往通过征收税费的方式获得财政收入，又利用公共财政的支出向公民提供公共物品。

3. 有利于确保社会保险基金收支平衡

通过社会保险基金预算，能规范社会保险基金收支，实现收支平衡，确保社会保险制度平稳运行。当社会保险基金预算出现缺口时，可通过下列方式进行弥补：一是公共财政预算可以支持社会保险基金预算；二是国有资本经营预算也可以将部分收入用于弥补社会保险基金预算；三是提高社会保险费的缴费率；四是降低社会保险的待遇水平。

4. 有利于社会保险基金监督

通过社会保险基金预算，综合反映社会保障制度的运行情况，加强各部门之间的相互制约和监督，便于立法机关和社会公众监督，从而将社会保险基金各环节的监督有机地结合起来，确保基金安全运行。

5. 有利于促进国民经济稳定增长

社会保险基金预算政策在稳定经济增长方面主要体现在其能够对经济

---

① "林达尔定律"是物理学中的一个定律，其主要描述了气体分子之间碰撞的分布规律。该定律由19世纪英国物理学家和化学家詹姆斯·克拉克·林达尔提出，故称为"林达尔定律"。

② "免费搭便车"是一种经济学概念，原指在一个群体中，某些成员享受到公共产品或服务的好处，却没有为其付出相应的成本。它的出现主要是因为公共产品或服务往往具有非排他性和非竞争性，也就是说，一旦提供了这类产品或服务，所有人都可以使用，而使用者之间的消费并不会影响到其他人的消费。

进行反周期调节。当社会经济发展状态良好时，整个社会的就业率就高，此时，公民的人均收入将增加，社会保险基金数额也将增加，而支出则减少，此时将会对整个社会的消费需求产生抑制作用，使得整个社会的供求更加平衡；反过来说，如果整个社会经济发展陷入萎靡，此时就业率下降，人们的收入也减少，社会保险收入相应也减少，此时社会保险支出会有所增加，这会促进整个社会的总需求增长，从而在一定程度上稳定经济的发展。

二、社会保险基金预算的目标与原则

（一）社会保险基金预算的基本目标

社会保险基金预算是社会保险基金管理的核心内容，所以预算管理的目标也和基金管理的目标相一致，即保证基金的平稳运行和国家社会保险政策目标的实现。又由于基金管理的内容包括基金的收入、支出和运营，预算的目标也可以分解为收入、支出和运营三个方面。

（二）社会保险基金预算应遵循的原则

社会保险基金预算应遵循以下原则。

第一，依法建立，规范统一。依据国家法律法规建立，严格执行社会保险政策，按照规定范围、程序、方法和内容编制。《社会保险法》规定，社会保险基金预算按照社会保险项目分别编制。

第二，统筹编制，明确责任。社会保险基金预算按统筹地区编制执行，统筹地区根据预算管理方式，明确本地区各级人民政府及相关部门责任。《社会保险法》规定，县级以上人民政府在社会保险基金出现支付不足时，给予补贴。

第三，专项基金，专款专用。社会保险基金预算严格按照有关法律法规规范收支内容、标准和范围，专款专用，不得挤占或挪作他用。《社会保险法》规定，社会保险基金专款专用，任何组织不得侵占或者挪用。

第四，相对独立，有机衔接。在预算体系中，社会保险基金预算单独编报，与公共财政预算和国有资本经营预算相对独立，有机衔接。社会保险基金不能用于平衡公共财政预算，公共财政预算可以补助社会保险基金。

第五，收支平衡，留有结余。社会保险基金预算坚持收支平衡，适当留有结余。《社会保险法》规定，社会保险基金通过预算实现收支平衡。

三、社会保险基金预算的相关概念辨析

(一) 社会保险基金预算与扩面征缴计划

为促进事业发展，人力资源和社会保障部每年按照中央会议精神研究编制《人力资源和社会保障事业发展计划》，印发各地执行，其中对社会保险扩面和征缴都提出量化的任务计划。社会保险基金预算和任务计划之间既有区别也有联系。

1. 社会保险基金预算和计划的区别

一是编制内容不同。计划中仅包含参保人数和征缴收入，而预算内容包含了基金收入和支出的所有内容，收入预算中还包括财政补助和利息收入等。

二是编制程序不同。计划由人力资源和社会保障部自上而下下达至各省，反映了社会保险事业发展的政策目标导向；预算按统筹地区编制，自下而上汇总，反映了社会保险事业发展的现实导向。

三是编制方法不同。计划综合考虑全国社会保障事业的发展、中央精神和相关政策制定并分解到各省（直辖市、自治区）执行；预算依据统筹地区上年执行情况、发展趋势和各地政策实施细则测算编制。

四是考核激励机制不同。计划的制订通常给各地留有余地，并以超额完成计划比例作为考核激励的依据；预算通常要求编制准确，多数指标以预算执行数是否接近预算编制数作为考核激励依据。

2. 社会保险基金预算和计划的联系

首先，预算编制要接受计划的指导。社会保险基金预算不是单纯的内部管理问题，还有深刻的政治经济和社会背景，预算的编制受政策制度和公众意愿的制约。如果仅仅采用自下而上的程序汇总编制预算，一是很难体现中央政策导向；二是容易出现预算松弛，即地方往往倾向于低估收入、高估支出。而仅采用自上而下的程序编制，又容易脱离各地实际。所以科学的预算应该是上下结合，通过特定的方式协商编制。在预算编制特别是收入预算编制中必须接受计划的指导，通常省级征缴收入预算应不低于人力资源和社会保障部下达的征缴计划。

其次，预算执行情况是制订计划的重要参考。预算执行情况（包括季度执行情况和决算）是对纳入预算编报范围的各险种基金收支和参保情况准确、全面的反映，其总量和变动趋势可以成为制订人力资源和社会保障事业发展计划的重要参考。

（二）社会保险基金预算与社会保障预算

社会保障由社会保险、社会救济、社会福利、优抚安置等内容组成，其中社会保险是社会保障的核心内容。但并不能据此简单认为，社会保险基金预算仅仅是社会保障预算的组成部分，这是由社会保险相对于其他社会保障项目的特点决定的。

第一，社会保险收入主要来源于参保单位和个人缴费，而其他社会保障项目的收入以财政拨款为主。

第二，社会保险中基金规模最大的两个保险（养老保险和医疗保险）均设有个人账户，具有一定的个人属性。

第三，社会保险基金原则上按照"以支定收、收支平衡"的原则确定当期基金收支。

第四，社会保险的收入和支出受相关法律法规的刚性约束；第五，社会保险基金预算与公共财政预算相对独立。

因此，社会保险基金预算编制应由人力资源社会保障部门所属社会保险经办机构，根据所掌握的数据采用科学、规范的方法单独编制，而社会保障预算则主要依据公共财政预算中对各项社会保障的支出额度进行编制。两者的联系体现在各级政府对社会保险的财政补助是社会保障支出预算的重要组成部分。国务院批准确定的各部门职责中规定，人力资源和社会保障部负责编制全国社会保险基金预决算草案，财政部负责编制中央社会保障预决算草案，也体现了社会保险基金预算和社会保障预算的特点。

第二节　社会保险基金预算管理的环节

社会保险基金预算管理体现了三个方面的内容：其一，基金收入和支出的种类与数量以及从中表现出来的基金收支的性质和作用；其二，在预算管理过程中包含了编制、汇总、审批、执行、调整、决算等环节；其三，各相关部门在预算管理过程中所承担的责任和相互关系。

社会保险基金预算管理环节是指在一个完整的基金预算管理周期中按阶段划分的组成部分，主要包括预算编制、预算汇总、预算审核、预算执行、预算调整、决算等。我国社会保险基金预算年度采用历年制。

一、预算编制阶段

预算应该在预算年度开始之前，由统筹地区社会保险经办机构负责编制。编制中应坚持总量平衡，并适当留有结余，根据各项社会保险统筹模式特点，即企业基本养老保险按照"略有结余"的原则，职工基本医疗保险、失业保险、工伤保险、生育保险按照"以支定收、收支平衡"的原则确定当期基金收支。

编制收入预算草案应综合考虑统筹地区上年度基金预算执行情况、本年度国民经济和社会发展计划、人力资源和社会保障事业发展计划和财政补助水平等因素。其中，社会保险费收入应根据社会保险参保人数、社会保险缴费率、上年度社会平均工资水平、工资增长等因素合理确定。财政补贴收入应统筹考虑上年度财政补助水平，并剔除不可比因素后加上本级财政当年新增补助综合分析填列。利息收入按照存入银行和购买国债的利息收入，以及养老保险个人账户基金委托全国社保基金理事会运营取得的投资收益等合理测算。转移收入、上级补助收入、下级上解收入、其他收入等要按照上年度实际执行数，合理测算预算年度收入。

编制社会保险基金支出预算草案应按照规定的支出范围、项目和标准进行测算，考虑近年基金支出变化趋势，综合分析人员、政策等影响支出变动的因素。编制中要严格执行各项社会保险待遇规定，确保各项社会保险待遇政策落实，不得随意提高支付标准、扩大支出范围。

二、预算审核汇总阶段

统筹地区社会保险经办机构完成预算草案编制后，应报送本级人力资源社会保障部门审核汇总，人力资源社会保障部门完成审核汇总后转交同级财政部门复核，再由两部门联合报本级人民政府审批。人力资源社会保障和财政部门应将本级人民政府审批后的预算草案分别报上一级人力资源社会保障和财政部门，社会保险经办机构应上报上级社会保险经办机构。

在审核过程中，除考虑整体的政策因素外，还应分析审核以下几个方面：一是比对分析社会保险费收入预算与本年度人力资源和社会保障事业发展计划；二是比对分析预算上年各指标执行数与当年预算数；三是审核社会保险费收入和支出增幅是否在合理区间；四是审核财政补助收入和利息收入预算规范性；五是分析参保人数、缴费人数、离退休人数、缴费比例、缴费基数、费率、平均待遇水平等指标变动是否异常，以及基金收支之间的逻辑关系是否合理。

三、预算执行阶段

社会保险基金收入预算和支出预算均应严格按照批准的预算和规定的程序执行。社保经办机构对基金征缴收入、利息收入、其他收入等应做到应收尽收，要加强社会保险基金征缴管理，努力扩大各项社会保险覆盖面，加大稽核和清欠力度，并严格按照现行会计制度进行会计核算，对预算超收部分不得人为挂账、转入下年或不入账，对预算不足的部分不得虚列收入；对预算内的财政补贴收入、调剂金收入应积极协调相关部门按进度及时入账，以确保社保待遇的发放；对社保基金支出应规范社会保险待遇项目和计发标准，严格按照规定范围内实际发生的各项社保待遇进行支付，并确保各项社保待遇按时足额发放，不得虚列支出，不得拖欠待遇支付。

预算执行期内，各级人力资源社会保障部门和社会保险经办机构应全面掌握本地区社会保险基金运行状况，定期分析预算执行情况，及时发现存在问题。人力资源社会保障部门应于每季度结束后向人力资源和社会保障部报送预算季度执行分析报告，下级社会保险经办机构同时报送上级社会保险经办机构。

四、预算调整阶段

社会保险基金的收入和支出受政策法规和社会经济发展状况的刚性约束，在预算执行时会受到不可预见因素的影响，因此允许在预算执行期内合理调整。预算执行中因特殊原因，执行结果和预算差距较大的，应结合社会保险政策变化情况，及时做好预算调整工作，并编制社会保险基金调整预算。调整后出现收大于支的，可以把当期收入结余到以后年度使用，调整后出现支大于收的，也可以把历年结余用作当期支付。调整预算的编报审核程序和预算编报审核程序类似。

五、决算阶段

社会保险基金决算是预算执行结果的终结和总结，是纳入预算管理范围的社会保险基金筹集和使用活动在预算年度的集中反映。社会保险基金决算在预算管理中具有以下重要意义：一是可作为预算考核评价的主要依据；二是通过基金决算对预算期内基金管理工作进行全面总结，可发现工作中的成绩和不足，以便于在今后的工作中扬长避短；三是可作为下一个年度进行预算编制的重要基础和依据。

预算年度结束后，统筹地区社会保险经办机构应当对预算期内的基金收支状况进行全面的核查，并在此基础上编制社会保险基金决算。决算经同级人力资源社会保障部门审核汇总，财政部门审核后，由人力资源社会保障部门和财政部门联合报同级人民政府审批。统筹地区人力资源社会保障部门和财政部门将审批后的社会保险基金决算分别报上一级人力资源社会保障部门和财政部门。省级人力资源社会保障部门和财政部门将本省（自治区、直辖市）社会保险基金草案联合报同级人民政府审批后，分别报人力资源社会保障部和财政部，下级社会保险经办机构同时报送上级社会保险经办机构。

第三节 社会保险基金预算管理制度

一、社会保险基金预算制度的内涵

预算是通过相关法定程序审核批准，由国家在年度内进行集中性处理的财政收入和支出计划。它分别对国家财政收入的来源和金额，财政支出的方向和金额作出规定，反映我国政府活动的范围及国家的政策方向。预算包括一般公共预算、政府性基金预算、国有资本经营预算、社会保险基金预算。

（一）社会保险基金预算的概念界定

2014年新修订的《中华人民共和国预算法（修正案）》第十一条规定"社会保险基金预算是对社会保险缴款、一般公共预算安排和其他方式筹集的资金，专项用于社会保险的收支预算。"社会保险基金预算是经过国务院审批的，以社会保险实施计划为编制依据，社会保险经办机构为编制主体的全年基金收支计划。社会保险基金是由缴费单位和缴费个人分别按缴费基数的一定比例缴纳以及通过其他合法方式筹集的专项资金，这种方式筹集的社会保险基金是我国社会保障制度的核心和主体，不仅是社会成员彼此相互之间的救济，也是一种自我保障制度，体现了国家和社会成员在市场经济条件下对风险的规避。为了能够使得社会保险事业持续和均衡发展，需要对社保基金进行统筹规划，保证收支平衡，以维持该生命线的活力。社会保险基金预算的概念包括以下必备要素。

首先，主体要素，即社会保险经办机构。《社会保险法》第七十二条规定:"统筹地区设立社会保险经办机构。社会保险经办机构根据工作需要,经所在地的社会保险行政部门和机构编制管理机关批准,可以在本统筹地区设立分支机构和服务网点。"我国社会保险经办机构是指,政府直接管理的、在全国范围内分层设置、分级管理的经办组织系统。

其次,依据要素,即根据社会保险实施计划。2010年国务院颁布《试行社会保险基金预算的意见》(以下简称《意见》)中指出,社会保险基金收入预算及支出预算根据统筹地区的具体情况编制。而所谓的"具体情况"是指综合考虑上年预算执行情况,本年财政收支情况及参保人员变动情况来制定本年社会保险实施计划。

再次,程序要素,即经过审批。《意见》关于审批程序的规定:"统筹地区社会保险基金预算草案由社会保险经办机构编制,经本级人力资源和社会保障行政部门审核汇总,财政部门审核后,由财政和人力资源社会保障部门联合报本级政府审批。"

最后,内容要素,即基金财务收支计划。《意见》对五种基金进行了详细的规定和阐述,这五种基金是指:企业职工基本养老保险基金、失业保险基金、城镇职工基本医疗保险基金、工伤保险基金及生育保险基金。但仍有一点值得我们关注,《意见》中指出,等待时机成熟时,应将依法建立的其他种类的社会保险基金也纳入社会保险基金预算管理。可见,《意见》也规定了"兜底条款",因为随着经济、社会的发展,其他类型的社会保险基金必然也会应运而生。"兜底条款"是对未来发展的预见,同时对扩大社会保险基金的种类也起到一定的促进作用。

(二)社会保险基金预算制度的基本含义

社会保险基金预算制度是指以科学发展观为指导,依据《预算法》及社会保险法律法规,坚持统筹兼顾、保障有力、收支平衡的总体要求,按照规定范围、程序、方法和内容编制的预算规则制度。

国家通过采取各种专门的措施,目的是将社会保险基金预算纳入制度层面管理,以便能够更有效地监督社会保险基金预算,并对其进行科学管理。社会保险基金预算制度的主体是指享有权利、负有义务和承担责任的法人或者自然人,包括社会保险经办机构、政府财政部门、参保人、缴费人等。社会保险基金预算制度程序是指人们遵循法定的时限和时序,并按照法定的方式和关系进行的法律行为,主要包括明确预算年度、扩大预算范围、践行预算公开等。建立社会保险基金预算制度,在某种程度上来说,不只是转变管理方法,更是建立一种新的预算机制,这种机制是在相关预算主体相互作用下所形成的,能够有效保障社保基金预算制度的良性运行,是社保基金管理方法上的转变与跨越。

在社会保险基金预算制度中,有三种机制较为重要:一是基金预算绩效考核和激励约束机制,这种机制为不仅为预算编制提供了衡量基础,也为提高预算执行质量提供了重要保障。二是政府责任机制,建立基金预算制度有利于明确工作责任,各地区各级人民政府需保证责任分明,以便能够增强计划性,加强约束力,统筹使用基金。确保基金安全,强化基金监管,这不仅是政府应履行的社会责任,更是充分发挥社会保障功能的重要方法。三是基金资源优化机制。《意见》要求,社会保险基金预算按统筹地区编制执行,这不仅提高了统筹地区基金管理的标准,也使得统筹层次持续提高并趋于规范化。从基金资源优化配置角度推动统筹层次的提高,将为社会保险制度的不断完善和改进增加新的活力。

社会保险基金有其独特性质,特别是同企业预算和政府预算相比,社会保险基金预算有其明显的差异。与企业预算相比,社会保险基金预算的不同点在于其公共性、非营利性以及法律强制性。在这三点不同当中,社会保险基金预算和企业预算最大的区别在于非营利性,这是由企业经营和社会保险经办管理各自的目标决定的。法律强制性是指社会保险基金预算的形成和执行要经过统筹地区政府或人大的审查和批准,经批准后的预算具有法律效力,并且有关预算级次的划分、收支内容、职权划分等都由有关法律法规明确规定。公共性是指企业预算主要用于内部管理,而社会保险基金的权益归所有参保者,预算的编制和执行具有很强的公共性,不仅用于内部管理,也要通过各种方式向上报告和对外披露,这既是满足参保者知情权的需要,也是落实社会监督,明确各级政府和各相关部门责任的需要。

与政府预算相比,社会保险基金预算具有独立性和保值、增值性的特点。其一,由于社会保险基金是由参保人共同缴纳的,因此不能用于平衡公共财政预算,它必须独立于公共财政预算;其二,因为社会保险基金具有返还性,养老保险还具有延期性,预算不能只考虑当期收支平衡,还必须对收支结余作出安排,要随着社会经济的发展保值增值,以保证参保人的权益不受损失和社会福利水平的不断提高。

二、社会保险基金预算制度建立的必要性

社会保险基金预算制度的必要性体现在以下几方面。

第二章 社会保险基金预算管理基础理论

（一）有助于规范基金管理

社会保障基金已经成为中国第一大专项资金，而社会保险是社会保障的核心内容。对整个社会保险基金进行预算管理，其目的如下：一是保证社会保险基金安全，二是统一协调使用社会资金，三是确保资金分配的严肃性、法制性、规范性。

预算在基金管理中的核心地位主要表现在三个方面：其一，预算总揽基金总体收支计划，制约和支配各单位收支，使之服从于预算的总体要求；其二，预算在明确财政投入责任、处理中央和地方财政投入比例关系中处于主导地位；其三，根据各项社会保险基金来源和结余编制预算，可以全面掌握可支配的资源，为科学合理地调整各项社会保险费率、调节待遇水平提供依据，也为优化基金配置、提高基金使用效率创造条件。预算的核心地位决定了预算的编制要对整个基金收支进行统筹安排和综合考虑，确保基金运行符合参保人员的利益和国家社会保险政策。通过分析社会保险基金预算中不同年份社会保险收入、支出金额的增减变化，对比分析引起其变化的内在原因，进而达到加强、规范社会保险资金管理的目的。

（二）有助于确保资金安全

随着社会保险基金规模的逐步增大，如此庞大的资金规模，如果不纳入预算管理，将会存在极大的安全隐患。除此之外，当前的社会保险基金管理制度存在漏洞，监管不完善，导致社会保险基金及社会保险基金管理比较容易产生混乱。因此，将社会保险基金纳入预算管理，接受人大的审查和监督，不仅能够使基金管理公开、透明，更能确保基金的安全完整。

（三）有助于提高社会保险统筹层次

社会保险基金预算制度作为提高社会保险统筹层次的坚实基础，发挥了极为重要的作用。社会养老保险基金实现省级统筹，不仅需要明晰政府部门责任，更需要统一编制社会保险基金预算，按要求落实缴费挂钩机制，多缴多得。省级统筹的实现，可以弥补经济发展水平不同所带来的差距，从根本上解决资金不足的问题。有了财政资金的保障，省级统筹才算有了丰厚的物质基础。只有物质基础得到保障，有足够的资金支持，才能实现社会保险基金的统一管理和合理调度。

（四）符合公共财政原理的要求

根据公共财政理论，需要将所有公共财政资金纳入政府预算管理，并且保证政务公开。社会保险基金属于以社保缴费形式征收的公共资金，理当纳入财政预算管理。但实际上，社会保险基金没有纳入财政资金管理，这不符合公共财政原理的规定。由于没有受到立法机构和广大人民群众的监督，各种有关于社会保险基金违规、违法、贪污浪费事件频频发生，不仅降低了资金使用效益，也有损于政府的公信度和权威性。由此可见，建立社会保险基金预算制度是社保工作的重中之重，不但能够实现社保基金的统一化、规范化管理，而且能够加强社保基金的监管约束作用，达到社保基金保值、增值的目的。

三、社会保险基金预算制度的完善建议

（一）完善社会保险基金预算法律法规体系

首先，完善我国的社会保障制度。社会保险是社会保障最重要的组成部分，二者相辅相成，相互促进。完善社会保险基金预算法律规范，势必要适当调整、完善社会保障制度及社会保障法律规范。

其次，按社会保险种类编制各类社会保险预算办法。虽然这类办法将耗费极大的人力、物力，但值得肯定的是，各类社保基金预算办法能够将权利与责任职责细化，更具指导性意义。

最后，将社会保险基金预算作为一个独立部分，编列入《预算法》中。由于我国不同地方的社会保险基金预算编制不一致，并且相关的法律法规也不是十分健全，因此需要建立一个效力层次高、细致以及健全的法律法规体系。因此可以采取以下措施：全国人大要发挥职能作用，及时修订《预算法》，将社会保险基金预算作为一个独立的部分写入预算法中，并将其作为基础性的法律，明确其法律地位。

另外，要加大社会保险基金预算的立法，认真详细制定《社会保险预算条例》，改进完善现行的预算法。对社会保险基金预算的编制程序以及有关内容进行明确，从而保障社会保险基金预算编制、执行过程中具备相关的法律依据，强化管理的规范性。《社会保险预算条例》的制定与出台要注意以下几个方面内容：一是要扩大预算范围。预算收支明细能够全面体现社会保险资金收支运转状况，政府通过预算收支也可以全面监督社会保险资金使用状况；二是明确预算年度。参照其他政府惯例，设定预算年度；三是践行预算公开。社会保险基金对于国家以及人民有着非常大的重要性，因此要确保基金的健康运行，增加其透明度，积极接受社会公众监督；四是增加人大的条款。编制完成后的预算草案需要投送到人民代表大会。全国

人民代表大会是国家立法机关，具有对草案进行讨论审查的权力，也是唯一有权批准政府预算的重要机构。人大会议对草案批准完毕后，各级的政府需要自行汇总本级与下级政府报送上来的草案，并上报上级政府进行备案。

同时，在配套改革上，一方面，要建立信息系统。社会保险要建立省、市、县（区）三级统一协调的信息管理系统，实现省级的统筹。并且要建立相应的管理平台，为完成省级统筹提供技术上的支撑。通过健全基金管理制度、增加管理手段、规范业务流程，最终对整个社保经办机构人员的素质进行全面的提高，最终使得社会保障工作走向标准化、规范化以及制度化。另一方面，要制定科学的核定预算收支的方法，避免社会保险基金预算试编过程中出现做低收入、做大支出的问题。编制社会保险基金预算的前提是合理与准确的社会保险基金收支数据，所以社会保险基金收支的核定要充分考虑影响收支的各种因素，如参保人口的多少及其变动情况、缴费的标准，享受社会保险待遇的人口及其待遇标准，物价水平的变动情况等，并合理制定以上各种因素的权重。

此外，还要建立起一套贴切实际的社会保险预算编制规范制度，给出专门性的规定来规范社会保险基金预算的编制、执行以及决算等，提高相关的法律法规的可操作性以及实用性。通过这些措施，在《社会保险法》与《预算法》的引领下，最终生成具备多层次性的社会保险基金预算的法律法规体系，实现规范管理，做到有法可依。

（二）完善社会保险基金预算编制与审批制度

1. 实现社保基金预算的编制完整性

依照我国《社会保险费征缴暂行条例》中的相关规定，严格执行对参保单位的社会保险登记制度。给参保单位颁发社会保险登记证。按照每年一次给企业颁发社会保险登记证。对所有应参保的单位进行详细的查选，从而保证年检的质量。对于某些有意逃避参与社会保险登记的单位，要依照有关的条例给予对应的经济处罚。除此之外，还需要工商、税务等部门积极配合，应该采用某些强制性措施强制企业进行参保。比如，工商部门不进行年检换照、税务机关不供发货票等。对于那些新组建的单位，在其完成注册登记后，就要直接进行社会养老保险手续的办理，只有完成上述的步骤，才能够到税务部门以及其他相关的部门进行后续业务的办理，通过这种办法既可以促进各单位参保，增加参保率，又可以保证不会遗漏想要参保的单位。并且，还应该将社会保险宣传划分为社保机构职责内的事情，做好舆论监督工作，使每名务工者都形成强烈的参保意识。社保机构对那些逃避不参保的单位要进行严格的专项社会保险稽查，并且依照专门的条款进行严肃的处理。最终解决社会保险基金预算覆盖范围小的问题，实现社保基金预算编制的完整性，使得社保基金能够让更多公民获得切实益处。

2. 确保社会保险基金预算编制准确性

为了确保社会保险基金预算编制的准确性，要严格按照预算编制的基本要求。一是在编制的依据方面，为确保社会保险基金预算的准确性、科学性，需仔细研究社会保险基金的发展规律，全面探究国民经济与社会发展的计划、发展状况、年度基金预算执行情况、人力资源社会保障事业的发展规划等因素，全面、客观、科学地进行基金预算草案的编制；二是在编制范围方面，预算管理的范围应该包括基金所有的收支项目。从长远的角度上来看，应该将其他社会保险基金纳入社会保险基金预算管理当中；三是在编制方法方面，要追求社会保险基金预算的准确性，做到预算执行有效以及预算编制的规范。

按照社会保险待遇的规定，积极地将各项社会保险待遇政策进行落实，不能轻易扩大支出范围以及提高支付标准。

3. 增强社会保险基金预算审批程序规范性

社会保险基金具有社会公共基金属性，由个人缴纳和参保单位共同组成，在本质上和财政性资金是截然不同的。并且，国家财政对社会保险，尤其是在养老保险上提供很多的帮助，从而保证了社会保险制度的平稳运转。所以，应将社会保险基金进行独立编报并汇总，交由本级人力资源社会保障部门审核。全国社会保险基金预算草案需财政部进行审核后，并联合人力资源社会保障部门共同向国务院呈递报告。横向来说，在部门分工上，财政部门、人力资源社会保障部门及其所属社会保险经办机构、税务机关等均参与此项工作。[1]各部门要明确职责，积极配合，协调分工。在纵向方面，统筹地区为单位，建立自下而上的机制，杜绝出现代编、漏编的现象，做到层层汇总，层层审核。社会保险预算编制和审批模式不同于公共财政预算，通过这样的方式，财政部门可以加强对社会保险基金的监督，并且也方便了对社会保险基金的核算与管理。

---

[1] 卜海涛. 社保基金进预算 科学管理更规范——财政部社会保障司负责人就社会保险基金预算答记者问[J]. 财会研究, 2010（2）: 78-80.

4. 大力提高社保基金预算统筹层次

相互补充与接济是社会保险的重要功能,要形成一套完善的协作机制,使得不同地区、不同险种之间能够互补互助,并且共同承担风险。社会保险基金筹集应当实行"大数法则"和"平均准则"。[①]更好地化解和承担少数单位以及少数人发生的风险,充分发挥社会的调剂功能,保证社会的安全。

实现社保基金省级统筹要充分调动各省内部的资金,减少编制预算的烦琐环节,全力提高预算准确性。

（三）细化社会保险基金预算执行与调整制度

1. 理顺编制与执行涉及的法律主体相关规定

根据前文建议提出《社会保险基金预算条例》有关规定,具体来讲就是,应由财政部门牵头,财政、人保共同编制,并由人保部门主要承担执行主体和责任,联合编制出预算草案,最后报送给人民代表大会讨论和审查。经过人大会议批准后,各级政府需要将下一级的社保预算连同本级的进行汇总,并交到上一级的政府进行详细全面的备案。社会保险经办机构要定期地向本级财政部门以及人力资源社会保障部门报告。如果遇到了较为特殊的情况,要及时对预算进行调整,并将新的调整方案上报给相关部门进行重新审核,然后交由人民代表大会常务委员会进行审核以及批准。如果所提的方案没有通过批准,则不能够进行调整预算。

2. 公开社会保险预算执行情况

公开社会保险预算收支的详细情况,建立完备高效的信息公开披露机制,依照多种便民方式以及法定的程序对社会保险资金项目的支出情况、收缴情况以及编制情况等信息及时地进行公示。对社会保险预算信息公开制度进行立法上的严格清晰的规定,这是提高社会保险预算执行效率,使得公众能够有效监督社会保险预算的重要方式。

其一,明确有哪些部分是能够进行具体公开的,哪些部分有着公开的必然性,并且确定可以公开的信息所能够公开的程度。确定社会保险预算公开的责任应该由谁进行承担,等等。在立法中都要将这些问题进行明确的规定;其二,应该按照"公开为原则,以不公开为例外"的原则,明确社会保险基金预算。社会保险基金收支信息公开披露的内容需要包含社会保险基金预算所要达到的目标、社会保险基金运营状况、年度预算的调整

---

① 杨涛. 山东省社会保险基金预算管理探析[J]. 东岳论丛, 2014, 35 (3): 161-165.

状况、社会保险资金整体收支状况等。并且,如果不属于严格的国家秘密,细致性和及时性是社会保险预算收支公开信息的两大原则。一般在审批后的十天内就要向公众公开社会保险预算收支信息。各级政府以及社保部门、税务部门以及财政部门都有汇总整理相关信息的责任,然后将汇集后的信息通过网站进行公开。

3. 统一征收主体,降低社保缴费比例

首先,要提高社会保险的统筹层次,降低社会保险缴费比例,通过良性方式积累社会保险基金的同时,逐步统一社会保险缴费的比例;其次,统一征收主体,分离个人账户与社会保险统筹,以地方税务部门或者国家税务部门为单位对社会统筹费进行征收。社保经办机构只对社会保险待遇的发放,统一税务管收等进行管理,做到分工明确,这样能够给保费征收信息管理工作带来很大的方便。税务部门负责社会保险税与费的等级以及申报与征收。各级的政府以及相关的部门要真正考虑参保人员的切身利益,通过"增基金收入、扩参保人数"的原则进行考核,将参保人员的利益实现放在首要的位置,实现社会保险工作质量的真正提高,实现社会保险工作"质"的飞跃。

4. 有效规范社保基金预算的执行及调整

在执行预算过程中,一般可以划分为收入预算执行以及支出预算执行。鉴于社保基金收支的特殊性,社保经办机关要根据目前的基金财务会计制度开展工作,并严格依照规定的程序以及批准的预算执行。在支出方面,各项社保基金的支出都要严格遵守规定范围内实际发生的各项社保待遇进行,在发放社保基金过程当中,要确保待遇的足额性和及时性,不能够出现拖欠参保人待遇支付的现象,杜绝一切虚假、徇私等形式的支出;在收入方面,应该按照应收尽收的原则来收取基金征缴、利息以及其他方面的收入,要依据目前的会计制度对社保基金进行严格的核算,预算超出部分不能够转入下一年或者不入账,更不能够出现人为挂账行为。

社会保险基金预算不得随意调整,预算执行中因特殊情况需要增加支出或减少收入,应当编制社会保险基金调整预算。[①]在社保基金预算的调节过程中,当结束审批预算后,对于那些已经经过统筹区域政府进行审定的预算,在原则上各级都不能再次对其进行随意的调整。如果个别的因为

[①] 杨涛. 山东省社会保险基金预算管理探析[J]. 东岳论丛,2014,35(3):161-165.

第二章 社会保险基金预算管理基础理论

特殊的原因确实有着很大调整需求的，应该先由社会保险经办机构提出详细的调整方案，然后送由同级的社会保障部门以及人力资源部门进行审核，再由同级财政部门进行审核，最后由同级的政府进行审定。同级的人力资源和社会保障部门以及财政部门、社会保险经办机构将调整后的社会保险基金预算报送至省级以上的相关部门，并在省社会保险经办机构进行详细的备案。

（四）健全社会保险基金预算监管制度

理论上，各有关方面要保证经过批准的预算顺利执行。在实际中，预算的执行可能会受到来自很多因素的影响，所以，在实践中，要通过对预算执行的情况进行不断的监管来保证其顺利执行。本书建议从以下几方面加以研究：

1. 加强预算监管强制力

社会保险基金的监管是十分重要的环节，因此建立各级人大对社会保险基金的相关监管制度势在必行。

一是全国人民代表大会以及各相关统筹区域内的地方人民代表大会要尽快成立"劳动与社会保障委员会"，从而对整个社会保障基金的立法监管进行加强。

二是各级人大及其常委会要在审议议程中列入社保基金的收支与管理，要熟悉社保基金预算的内容，及时听取以及审议其编制、执行、调整以及决算的内容，有责任以及义务履行其监管职能。

三是充分履行好劳动与社会保障委员会的职能。对劳动以及社会保障法规，以及地方规章等进行严格的立法审核；向本级人大及其常委会提议制定相关的劳动和社会保障法律或者一些地方性法规。检查整个社会保险基金的运行情况；监管社会保险基金预算的编制与执行；受理有关社会保险基金的投诉以及举报；向社会及时公开社保基金的审计报告，督促政府审计部门履行好其审计工作。

四是为保证社保基金的安全，各级人大应担负起完善基金管理工作的责任，并联合纪检监察部门注重对基金管理工作目标责任制考核以及奖惩，严格依法行事。对决策失误或者随意挪用基金造成很大损失的有关人员严惩不贷。

2. 明确各部门的监管机制

社保基金预算的监督是对有关预算主体行为的全过程监督。它包括对政策决策行为——预算编制的监督，也包括对预算执行、调整、决算等诸多环节的监督，还包括权力机关相互之间的监督和制约。社会保险基金预算监督具有综合性与广泛性。其综合性则体现为权力机关对行政机构的监督、国家机构上下级的监督、财政部门的监督和审计监督等专门机构的监督。其广泛性表现在监督环节、内容以及方式的多样性。应有效发挥社会保险基金预算管理各相关行政监管主体的监管作用，加强相互之间的合作以及协调，形成监管合力。行政监管主要是指财政部门、人力资源和社会保障部门、审计部门以及税务部门等机关，按照社会保障法等法规，严格监管社保基金预算。

第一，要对社会保障部门的监管职责进行明确的划分。人力资源和社会保障部门通过加强监管职能更好地落实社会保险资金。其监管职能内，所涉及的内容有对参保单位的财务管理状况进行监管；监管其自身工作程序；监管社会保险基金保值增值情况；监管社会保险支出的标准、范围以及对象与规定是否相符合；监管筹集到的社会保险资金能够按时上缴到国库。

第二，对各级财政部门的监管职责进行明确。社会保障监管的核心力量是财政部门。并且对于社会保障监管的最主要形式也是财政部门的监管，其监管要求具备全面性以及及时性。从对象上来看，财政部门不仅监管自身工作是否按照要求执行，而且需要监督检查税务部门的征收工作以及社保经办部门的相关工作。经办机构要建立内部监督机制，定期对社保基金管理情况进行监督检查，发现问题及时纠正。[①]从内容上来看，监管社保预算的各项收入与支出是否符合相关法律法规，是否在国家经济政策的范围内。从方式上来看，财政部门审查核准社会保险年度预算以及决算。

第三，明确审计部门的监管职责。对财政部门、社会保障部门的社会保险收支进行专项审计；对国有企业财务收支状况以及其每年获得的利润能够按照国家相关规定上缴至社会保障进行审计；对社会保险基金使用、管理以及投资情况进行审计。

第四，加强各个监管机构相互间的协调制度。通过专题研究、联席会议、定期报告以及文件抄送等形式产生协调沟通的机制，逐步形成各监管部门相互联系的社会保险基金监管网络。

第五，纪检监察部门应承担起对社会保险管理部门工作人员行为的监管责任，采用明察暗访相结合以及设立专门的监督举报网站电话等方式，

---

①姜小丽. 社保基金管理环节监督之我见[J]. 山东劳动保障，2005（4）：31.

接受社会各界的监督。通过协调工作,各监管主体共同完成监管工作。

综上所述,社保基金预算管理是一个系统工程,涉及社保基金经办管理的诸多环节,经办机构各业务部门之间要相互协调、密切配合。要通过立法明确各行政部门的监管职责,实现独立审计监管、相互监管以及自身监管相结合。最终使社会保险基金预算编制、审批、执行和调整都能够落实到位、监管到位。

3. 健全社会保险预算的社会监管

社会保险基金预算关系到广大人民群众的切身利益,然而由于政府不能完全公开以及社会公众还不能达到理想的专业性,社会监管并不能将其效果完全发挥出来。为了解决该问题,可以制定相关的法律制度。

首先,要发挥公众的力量和参与热情进行监管,提高社保基金预算的透明度,使得对社保基金的问询与质疑权利能够被社会中的每一个成员享有,从立法方面保证公众的监管权以及知情权。同时,对社会保险基金预算过程中的违法行为,要进一步加大处罚力度,严格追究相关违法违纪人员的责任。

其次,让更多具备专业性的社会组织参与到社会保险基金预算的监管环节当中。妥善利用好会计事务所以及律师事务所的监管作用,建立有效的监管团体,营造良性监管环境。

第四节 社会保险基金预决算报告分析

一、社会保险基金的预算报告

(一)社会保险基金预算报告的编报要求

社会保险基金预算报告应按照《社会保险法》《意见》及人力资源社会保障部与财政部的统一要求,按规定的编制范围、编制原则、编制程序、编制方法和上报要求进行编报,努力增强社会保险基金预算编制的准确性,确保数据真实、准确,内容完整,说明清晰,不得为使预算易于完成而压低基金预算收入或虚报基金预算支出。

(二)社会保险基金预算报表

社会保险基金预算由以下几类报表组成:

第一，社会保险基金预算总表。社会保险基金预算总表集中反映预算编制范围内各险种基金预算收支和结余情况。该表数据直接从后续各表取数获得。

第二，各险种基金预算表。采用单式预算的结构，分别反映各险种基金收入项目、支出项目和结余的当年预算数以及上年执行数。预算表可以通过"本年收入合计+上年结余＝本年支出合计+年末滚存结余"的会计公式进行校验。

第三，附表。附表反映主表以外的其他基金预算相关情况，如部分暂未纳入预算范围险种的基金收支情况、预算范围内各险种预计参保人数、参保人员结构、缴费基数、缴费率、享受待遇人数和待遇发放水平等情况。

（三）社会保险基金预算编报说明

社会保险基金预算报告说明应包括以下内容：

第一，报告摘要。简要叙述各项社会保险基金预算收支和结余情况。

第二，基金预算影响因素分析。简要分析各项可能影响基金运行的社会保险政策调整、宏观经济形势、参保人员数量和结构变化等环境因素。

第三，基金收入情况。说明各项社会保险基金收入项目的预算情况及同比增减情况，提供测算依据和方法。对社会保险基金预算收入增长明显低于前三年平均增幅的应说明原因。

第四，基金支出情况。说明各项社会保险基金支出项目的预算情况及同比增减情况，提供测算依据和方法。对社会保险基金支出预算增长明显高于前三年平均增幅的应说明原因。

第五，基金结余情况。说明各项社会保险基金预算结余情况及同比增减情况，对预算当年出现赤字或结余过高的应说明原因。

第六，总结和建议。简要分析说明基金运行和预算中存在的问题，提出加强管理的建议和措施等。

二、社会保险基金决算报告

（一）社会保险基金决算报告的编报要求

社会保险基金决算报告是对预算范围内社会保险基金全面的数据汇总和分析，具有法律效力，编报中要做到数字真实、计算准确、内容完整、分析详细和报送及时。

第一,报表填报要做到真实、准确。决算报表编制中要严格核对账目,确保账实相符、账表相符,不得自行取舍和遗漏,不得瞒报、虚报收支账目,或违规将本年收支款项移至下年入账。要按照统一的指标口径和方法填报,以保证报表的连贯性和可比性。

第二,报告内容要做到完整、规范。决算报告要严格按照统一的基金决算要求和财务、会计制度的规定完整填报,对于如欠缴基金、应缴基金等无法在报表中反映的重要事项,应在分析报告中加以说明。

第三,报告分析要做到深入、全面。决算报告说明应结合年度预算,深入分析预算执行情况。要充分利用历史数据、相关业务数据和宏观经济数据,以基金运行为主线,多角度、多维度分析基金运行的历史规律和未来发展趋势,总结经验,提出政策建议。

第四,报告提交要做到按时、规范。各地要按要求提前准备、按时报出,保证决算报告的时效性。

(二) 社会保险基金决算报表

社会保险基金决算由以下几类报表组成:

1. 资产负债表

根据"资产=负债+基金"这一会计公式,反映预决算范围内各项社会保险基金年末全部资产、负债和基金结余情况。

资产负债表所反映的信息主要包括以下几个方面:其一,基金形成资产的分布情况与结构及其资产的变现能力;其二,基金承担的债务情况及其偿债能力;其三,基金的保障水平,看基金规模大小和支付能力;其四,通过前后期资产负债表的比较,可以看出基金结构的变动情况及其财务状况的变化趋势。

2. 基金收支表

基金收支表反映社会保险基金在年度内的收入、支出、结余情况。通过该表可以掌握基金的动态情况,同时也可以结合有关附表所反映的数据,了解有关参保单位缴纳基金的情况。

3. 财政专户资产负债表

财政专户资产负债表反映纳入单独社会保障基金财政专户的各项社会保险基金资产负债情况。编制本表前,社会保险经办机构应和财政部门进行严格对账,数据核实一致后方可填报。

4. 财政专户收支情况表

财政专户收支情况表反映纳入单独社会保障基金财政专户的各项社会保险基金收支情况。

5. 附表

附表反映主表以外的其他重要情况，如部分暂未纳入预算范围险种的基金收支情况，预算范围内各险种参保、缴费、发放和调剂金情况，各级财政对社会保险补助情况等。

（三）社会保险基金决算报告说明

社会保险基金决算报告说明是根据决算报表中的数据资料和其他历史数据，结合年度预算、相关业务数据指标和业务工作开展情况，对基金的运行状况及结果进行比较、分析和评价，对可能影响本期和下期基金运行的重大事项进行说明与预测分析所形成的分析报告，随同基金决算报表一同报送。社会保险基金决算报告说明应包括以下内容：

第一，报告摘要。简要叙述各项社会保险基金年度资产负债情况、收支和结余情况以及基金运行中的重大事项。

第二，基金运行环境情况。简要分析各项影响基金运行的宏观经济形势、社会保险政策调整、参保人员数量和结构变化等环境因素。

第三，基金收入情况。分析说明各项社会保险基金征缴收入、财政补助收入、调剂金收入、利息收入以及养老保险个人账户做实部分运营收入的预算执行情况、差异原因以及同比增减情况。

第四，基金支出情况。分析说明各项社会保险当期待遇支出、补发往年拖欠支出和调整待遇支出、调剂金支出的同比增减等项目的预算执行情况、差异原因以及同比增减情况。

第五，基金结余情况。分析说明各项社会保险基金资产负债、基金支撑能力、养老保险个人账户做实、基金结余在省本级和各地市的分布等情况。

第六，总结和建议。简要叙述基金管理方面的主要措施和成效，分析存在的问题，说明年初数的调整等情况，披露和说明基金管理中的重大违规等事项，提出改进措施和政策建议。

第三章 社会保险基金预算的编制

第一节 社会保险基金预算的编制原则

政府预算编制即政府预算收支计划的预测及确定,它是预算资金筹集、分配的年度计划,政府预算资金从哪里筹集、筹集多少、分配到哪里去,每一项预算收支都要有法律依据和政策制度依据。社会保险基金预算属于政府预算的组成部分,也应当按照政府预算的原则和方法进行编制,以便能够全面、准确、真实、完整地反映各项社会保险基金的收入、支出和结余,提高社会保险基金预算管理水平。因此,本文认为社会保险基金预算编制应遵循一系列原则。

一、遵循依法合规的原则

社会保险基金预算已上升至国家政府预算,因此要按照《预算法》和《社会保险法》等法律法规的要求进行编制。当社会保险基金预算处于政府预算的层面,就必须遵循政府预算的编制、执行、决算、汇报、审查、批准等程序,而不仅仅等同于财政部门和人社部门的收支计划。只有了解社会保险法、预算法和各级政府制定的规章中关于社会保险基金预算的内容,并且依照其去执行,才能保证社会保险基金预算编制规范、合法运行。

社会保险基金预算编制所依据的国家法律法规既包括社会保险法等社会保障方面的法律法规,也包括预算法等财政管理方面的法律法规。社会保险基金预算要完善社会保险基金预算编制和审批制度,建立行之有效的考核制度和监督制度,用法律制度和绩效考评等方法,建立健全对基金预算编制部门的法律约束机制。

二、遵循职责明晰的原则

社会保险基金预算编制的前提是政府各部门应该有科学合理的职责分工。社会保险基金预算编制主要有资料收集、编制、汇总、审核和报送等几个环节,因此,在这几个环节上要明确部门分工和职责。

在我国，社会保险经办机构负责征收和发放社会保险基金，对社保业务非常熟悉，对社会保险基金收支情况较其他部门更为了解。因此，社会保险基金预算的草案应主要由同级保险经办机构负责编制。实行税务部门征收基金的地区由经办机构和税务部门共同负责编制收入预算。新农合基金预算草案可暂由经办机构和卫生部门共同负责编制。除了县级政府的人社及其保险经办机构、卫生、税务部门不需要汇总数据，其余设区的市级、省级和中央都要承担汇总、编制各项社会保险基金预算草案的职责。

新修订预算法规定了"编制预算草案的具体事项由国务院财政部门部署"，而社会保险基金预算属于四大政府预算之一，也应该执行预算法的规定。因此，财政部门应当作为社会保险基金预算编制的牵头部门。由于我国并未实现各险种的全国统筹，因此，还需要按照统筹地区汇总并审核基金预算。审核汇总基金预算的工作应由各级财政部门牵头组织，由人社部门及其保险经办机构负责数据审核，审核无误后由财政部门在汇总本级统筹地区的各项保险基金数据基础上编制预算草案，并报本级政府审定、人大审批，再报上一级财政部门备案。

这种分工利用了当前政府各组成部门的职责配置，建立在现有部门日常工作的内在联系基础上，可以确保社会保险基金预算编制的顺利实施。以下是在这种分工的基础上，社会保险基金预算在统筹地区、省级和国家层面的编制、审核和审批程序。

基于目前社会保险经办由不同部门负责的制度安排，本着谁经办谁编制的原则，分别先由统筹地区社保经办机构、卫生部门编制相应的基金预算草案。其中，税务征收地区的社会保险基金预算收入由经办机构和税务机关共同编制，新农合基金预算草案由卫生部门负责编制；再经统筹地区人社部门审核汇总，然后由财政部门复核；最后由财政部门牵头，联合人社部门报本级人民政府审定和同级人大审议批准。

统筹地区财政和人社部门将社会保险基金预算草案报送本级政府和人大审批后，再报省级财政和省人力资源社会保障部门备案汇总。省级财政和人力资源社会保障部门汇总审核后，将本省（区、市）社会保险基金预算草案报送本级政府和人大，批准后报财政部和人力资源社会保障部备案汇总。

全国社会保险基金预算草案由人力资源社会保障部汇总编制，财政部审核同意后，由财政部和人力资源社会保障部联合向国务院报送，经国务院审定后报送全国人大审查和批准，并将有关内容向社会公开。

需要指出的是，虽然大部分国家采用政府组成部门和财政部门编制统一的预算草案，代议机构（议会）审议通过的模式。[1]但是从发展的角度看，多部门参与社会保险基金预算草案编制，不利于预算的统一性。随着社会保险制度主体的统一，应该由保险经办机构负责保险草案，其他部门承担资料提供的职责，这样有利于提高预算的准确性和科学性。

三、遵循统筹兼顾的原则

按照《社会保险法》的要求，养老保险基金预算实行全国统筹，其他社会保险基金预算逐步实行省级统筹。从实际运行看，目前在我国企业职工基本养老保险基金一般为省级统筹，其他各险种有的为市级统筹，有的甚至还为县级统筹，并且各省的情况也不尽相同。因此在编制预算时，统筹地区就成为基金预算编制的主体，其编制的社会保险基金预算就是最基础的数据资料，是各个险种汇总成全国社会保险基金总预算的基础。在编制社会保险基金预算时，不仅要做好统筹地区的基础性编制工作，而且要畅通社会保险基金层层汇总的渠道。

一方面，要明确统筹地区的财政、人社和经办机构的职责和任务，规范社会保险基金预算收入和支出，严格按照社会保险基金预算的范围、程序、方法和内容进行编制，保证统筹地区能够在一线顺利编制社会保险基金预算。

另一方面，社会保险基金预算编制要从统筹地区开始，自下而上进行编制，每一级财政、人社和保险经办机构都能及时接收数据并审核汇总。最多的险种需要四级审核汇总，在汇总本级社会保险基金预算之后，要报本级政府，经其同意后，再向上级部门汇报，每一级都不得代编下一级的社会保险基金预算。

四、遵循专款专用的原则

我国《社会保险法》明确规定"社会保险基金专款专用，任何组织和个人不得侵占或者挪用"；《预算法》明确社会保险基金预算是专项用于社会保险的收支预算，应当保持完整、独立，并且要按照社会保险项目分别编制。《国务院关于试行社会保险基金预算的意见》也指出，社会保险基金预算独立于其他预算，不能用于平衡公共财政预算，需要单独编报。根据

---

[1] 马国贤. 政府预算[M]. 上海：上海财经大学出版社，2011：73-74.

以上法律法规，社会保险基金预算要按照专款专用的原则进行编制。

按照《预算法》，社会保险基金预算的资金来源有三种：一是社会保险缴款，二是一般公共预算安排，三是其他方式筹集的资金。无论是社会缴款还是一般公共预算安排，都是用于社会保险基金收入的专项资金，属于专款。从支出用途上看，《社会保险法》第六十九条规定："社会保险基金不得违规投资运营，不得用于平衡其他政府预算，不得用于兴建、改建办公场所和支付人员经费、运行费用、管理费用，或者违反法律、行政法规规定挪作其他用途。"这就明确了社会保险基金预算的"专用"性质。同时法律也规定，对于隐匿、转移、侵占、挪用社会保险基金或者违规投资运营的，也要给予处罚并承担相应的民事或刑事责任。近年来社保案件频发，无不与社会保险基金挤占挪用有关。因此，应从预算编制环节就遵循专款专用的原则，严禁跨险种进行基金平衡，提高社会保险基金安全性，提升社会保险制度的公信力。

五、遵循有机衔接的原则

在政府预算体系中，社会保险基金预算是独立存在的，但它与一般公共预算、国有资本经营预算之间存在密切联系。公共财政资金可以用于社会保险基金，但社会保险基金不能用于一般公共财政领域，一般公共预算的相关支出要以"补助社会保险支出"的科目列示，以直观地体现出一般公共财政对各项社会保险基金预算的补助数额。根据《国务院关于试行国有资本经营预算的意见》规定，国有资本经营预算收入在必要时可部分用于社会保障的项目支出。社会保险基金预算在编制中，不但要在管理体制上同其他政府预算有机衔接，还要在具体方法上与其他政府预算衔接。

在预算科目方面，社会保险基金预算的收支分类科目也应当同其他政府预算相互衔接，将收入分为类、款、项、目四级，支出分为功能科目和经济科目两种，其中按功能分为类、款、项三级，按经济性质分为类、款两级。在会计核算制度方面，都应采取收付实现制，如果特殊情况采用权责发生制，如养老保险的个人账户部分就可能采取权责发生制，那么也应该同其他预算一样，将采取权责发生制的方案向本级人大及其常委会报告，如新农合保险基金预算。

在绩效评价方面，社会保险基金预算的绩效评价应该纳入统一的政府预算绩效评价轨道。另外，社会保险基金预算编制在周期上要与政府公共预算一致，在编制时间上要与政府一般公共预算同步，在编制内容上也要与一般公共预算衔接。①

六、遵循收支平衡的原则

《预算法》将"收支平衡"作为我国政府预算的编制原则，社会保险基金预算既然是四大政府预算之一，那么也应当遵循此项原则。社会保险基金预算的编制要以财政承受力和轻重缓急为弹性尺度，确定提供公共物品和公共服务清单的优先顺序。②

在编制社会保险基金预算时，对于养老、医疗、生育、工伤、失业保险基金的待遇发放标准的确定，不但要确保社会保险基金预算收支平衡，还要适当留有结余，不能做赤字预算。留有适当结余可以在当月入不敷出情况下，确保社会保险基金预算不出现兑付缺口。例如，企业职工基本养老保险基金结余按国家规定要留足两个月，其他基金根据国家规定并结合当地实际情况确定。社会保险基金结余除了预留的支付费用外，要全部存入国有银行、购买国债或进行其他投资，最大限度提高社会保险基金的收益率。根据《社会保险基金财务制度》规定，如果社会保险基金当年入不敷出，可以动用历年滚存的结余存款、债券或上级调剂社会保险基金。如果连年入不敷出，在已统筹考虑一般公共预算和国有资本经营预算调剂能力的前提下，则要通过法定程序批准，适当提高社会保险基金的缴费比例，从而使社会保险基金预算保持收支平衡。

第二节 社会保险基金预算的科学编制

社会保险基金预算应综合考虑统筹地区上年度预算执行情况、国民经济发展计划、支出范围、项目和标准，明确编制范围，合理设计编制流程，撰写详细的预算报告，采用科学的方法进行编制。

一、社会保险基金预算编制范围

考虑到2015年改革的因素，当前我国的社会保险基金收支应该按照当

---

①黄振平，胡毅东. 河北省建立社会保障预算的探索与实践[J]. 地方财政研究，2011（4）：21-23.
②齐守印. 深化财政体制改革应遵循三大基本路径[J]. 中国财经报，2014，1（25）：6.

前社会保险制度覆盖程度和今后的发展趋势，逐项编入预算。按照国家部署，城镇居民社会养老保险制度和新型农村社会养老保险制度在 2014 年 12 月合并实施城乡居民统一养老保险制度，其保险基金预算也将合并在一起编制。同时，2015 年机关事业单位养老金并轨，机关、事业单位人员养老基金也纳入养老保险基金预算编制的范围。2016 年 1 月 12 日，国务院印发《关于整合城乡居民基本医疗保险制度的意见》要求，推进城镇居民医保和新农合制度整合，逐步在全国范围内建立起统一的城乡居民基本医保制度。考虑合并的新农保基金预算和城居保基金预算，已增加的机关事业单位养老保险，目前可将九个险种纳入社会保险基金预算进行编制。其中，养老保险基金预算包括三种：企业职工基本养老保险基金预算、机关事业单位人员养老保险基金预算、城乡居民养老保险基金预算。城乡居民养老保险基金预算是由城居保基金预算和新农保基金预算合并而来。医疗保险基金预算包括两种：城镇职工基本医疗保险基金预算、城乡居民基本医疗保险基金预算。此外，还包括工伤保险基金预算、失业保险基金预算和生育保险基金预算。

以下是具体八种社会保险基金预算：

（一）养老保险基金预算

1. 企业职工基本养老金保险基金预算

该预算可分为企业职工基本养老保险基金收入预算和企业职工基本养老保险基金支出预算两部分。企业职工基本养老金保险基金预算收入主要为基本养老保险基金缴费的收入，其次是财政补助收入，财政补助收入包括上级财政补助收入、本级财政补助收入和下级财政上解收入，再次要包括养老保险基金投资收益、定期存款的利息收入，最后还要包括转移收入，转移收入是指由于劳动力跨统筹地区流动时带来的个人账户的那部分收入。企业职工基本养老金保险基金预算支出主要为基本养老保险基金待遇支出，其次是上下级财政往来支出，包括上解上级财政的支出和补助下级财政的支出，再次是转移支出，这部分支出同转移性收入相对应，伴随着劳动力流动产生了转移性支出，即带走养老保险基金的个人账户部分，最后，养老保险基金预算中还应该包含由于企业职工去世产生的丧葬抚恤补助支出等。企业职工的丧葬抚恤补助同机关事业单位的相比是比较少的，往往只有几千元，大概只有机关事业单位去世人员的十几分之一，这可能也是"同命不同价"的一种表现。

2. 机关事业单位人员养老保险基金预算

机关事业养老保险基金预算同企业养老保险基金预算应该在方法上基本保持一致，这样也可为将来合并实施基金预算预留一个改革的接口。因此，机关事业养老保险基金预算收入应该包括：基本养老保险金收入、转移收入、政府补贴收入，上级补助收入、利息收入、下级上解收入；机关事业养老保险基金预算支出应包括基本养老金支出、丧葬抚恤补助支出以及财政补助支出、转移支出等。

3. 城乡居民养老保险基金预算

该预算由城居保基金预算和新农保基金预算合并而来。从目前的情况来看，该项社会保险基金预算的收入来源主要还是靠财政补助，其次是个人缴费。城镇居民养老保险基金预算是由收入预算和支出预算两部分构成的。城镇居民养老保险基金预算收入主要为财政补助和个人缴纳的养老保险费，其预算支出主要是养老保险金的发放。新农保基金预算也是由收入预算和支出预算两部分构成的。其收入主要由财政补贴和养老保险费收入构成，支出主要是年满60周岁的农村居民的养老保险待遇支出。

（二）医疗保险基金预算

1. 城镇职工基本医疗保险基金预算

该预算可分为城镇职工基本医疗保险基金预算收入和城镇职工基本医疗保险基金预算支出两部分。城镇职工基本医疗保险基金预算收入主要为医疗保险费的缴费收入，第二要包括财政补助收入，财政补助收入包括上级财政补助的收入、本级财政补助的收入和下级财政上解的收入，第三要包括利息收入，由于医疗保险基金也存在部分结余，按照规定可以存定期和享受优惠利率，因此也会产生一定的利息收入，第四要包括转移收入。《社会保险法》规定，医疗保险逐步实现省级统筹，这意味着劳动力跨省之后，医疗保险基金就不会在同一个统筹地区，因此个人账户部分的医保资金必然要随着劳动力进行转移,由此会给转入的统筹地区带来转移收入，给转出的统筹地区带来转移性支出。

城镇职工基本医疗保险金预算支出主要是基本医疗保险待遇支出，保险待遇支出包括住院费用、门诊费用、大病费用以及药店的零售药费，其次是财政补助，包括补助下级的财政补助和上解上级的财政补助，另外就是前文所述的转移性支出等。

2. 城乡居民基本医疗保险

该预算可分为城乡居民基本医疗保险基金收入预算和城乡居民基本医疗保险基金支出预算两部分。城乡居民基本医疗保险基金预算收入主要是医疗保险费收入，财政补助收入也占很大一部分，财政补助收入包括本级财政补助、下级财政上解和上级财政补助，另外还要包括利息收入等其他收入。城乡居民基本医疗保险基金预算基金支出主要用于基本医疗保险待遇支出，目前居民医保还不能在门诊报销费用，但随着社会保险基金更加趋于公平，在适当的时机也会建立居民医保的个人账户，其待遇支出也会增加个人账户的支出部分，其次是补助下级财政和上解上级财政的支出等。

(三) 工伤保险基金预算

该预算可分为工伤保险收入预算和工伤保险支出预算两种。工伤保险基金预算收入主要有工伤保险费的缴费收入，其次是财政补贴收入，包括本级财政补助、上级财政补助和下级财政上解的收入，另外还要还有转移收入和利息等收入。工伤保险基金预算支出主要是工伤保险待遇支出，该项待遇不但要包括医药费支出，还应该支付后期的康复治疗费用、护理费和假肢、轮椅等辅助器具的费用，如果鉴定为一定的伤残等级，从此丧失了劳动能力，那么还应该支付一次性伤残补助和每月的伤残津贴，如果工亡，则需向家属支付丧葬补助、抚恤金和一次性工亡补助等。

(四) 失业保险基金预算

该预算可分为失业保险基金收入预算和失业保险支出预算两部分。失业保险基金预算收入主要是失业保险费的缴费收入，其次为财政补助收入，财政补助收入包括本级财政的补助收入、上级财政的补助收入和下级财政上解的收入，另外还应包括转移收入等。失业保险基金预算支出主要是失业期间的生活费用、医疗补助等。目前，我国的失业保险基金还需要承担失业者的职业培训和职业介绍的费用。

由于我国的就业政策和就业资金是面向全体国民的，也包含了失业人群，而就业资金的一个主要用途就是支付培训费用和职业介绍费用。因此不宜多开资金口子，应该统筹使用就业资金，停止使用失业保险基金支付职业培训和职业介绍的费用。目前失业保险基金预算只是覆盖了城镇失业人员，同时这也会带来新的困惑：农民算不算一种职业，农民会不会失业。因此将来还需要界定失业人员的边界，使这项保险基金预算能够覆盖全体国民。

(五) 生育保险基金预算

该预算可分为收入预算和基金支出预算两部分。生育保险基金预算收入是由单位缴纳的生育保险费，其次还有财政补助、利息收入等。生育保险基金预算支出主要是生育保险待遇支出和补助下级、上解上级的支出等。生育保险基金预算目前主要依据是 1994 年原劳动部颁布的《企业职工生育保险试行办法》(劳部发〔1994〕504 号)。从其规定的内容上看，生育保险基金预算的支出范围比较狭窄，只有城市中有单位的女职工才可以享受生育保险。由于缴纳生育保险费的单位不多，加上生孩子时还从可以医疗保险基金中支付，实际上享受待遇的育龄妇女很少。因此此项保险基金在条件适当的时候，可以同医疗保险基金合并实施，既可以使此项制度覆盖全体育龄妇女，使得制度更加公平，又可免去基金预算编制时的烦琐。

从全面覆盖的角度出发，军人保险中的军队离退休人员将来也要纳入社会保险基金预算的范围。下一步在适当的时机，还应建立军队离退休人员养老保险基金预算。

二、社会保险基金预算编制的流程

在编制预算之前，要根据社会保险基金预算编制的范围，分险种设计社会保险基金预算编制报表。从统一性考虑，每个险种的报表都要满足以下几个要求：①要有一个可以直接反映预算编制最终测算数字的表格，可以称为"主表"；②要有可以设定参数反映测算过程的表格，可以称为"参数测算表"；③需要设计可以反映社会保险基金支出缺口的表格，这样可以对于各地所需要的补助及缺口一目了然，便于各级政府决策如何分担其支出责任，这个表格可以称为"平衡调整表"；④为了社会保险基金长期平衡的需要，还应根据精算结果，设计填报"中长期预算表"；⑤还应根据上报人大的需要，按照人大审查和批准的格式，以及向社会公开的需要，设计出向人大上报的报表和向社会公开的报表。

根据以上要求，报表体系应包括预算主表、参数测算表、平衡调整表、中长期预算表和上报人大的报表、社会公开的报表等。

设计好报表系统后，要将历年五大险种收支数据和缴费率、缴费人数、工资总额、门诊和住院费用等基本参数分别填列，生成各种报表。填列时，可先填列参数测算表，测算出下年基金预算数；其次将测算出的预算数提取至主表，同时在主表中填列往年决算数，这样便于对比历年收支，可大致做到心中有数；然后根据基金预算的收入和支出生成平衡调整表，这里要显示出基金的缺口或盈余，便于决策者制定弥补缺口的办法或各级财政分担缺口的比例；最后还可根据已经测算出的报表，生成上报人大的报表和向社会公开的报表。另外，还需编制中长期预算表。中长期预算表是根据精算模型和出生率、死亡率、经济增长率等影响基金长期变动的因素，填入中长期报表系统，预测未来几年和几十年的收支情况。

以养老保险基金为例，首先填列参数测算表有关数据，包括参保职工人数、平均缴费人数、缴费工资总额、月人均缴费工资、缴费率、征缴率、离退休人数、往年实发月人均养老金数、往年丧葬抚恤补助数等。在实际应用中，参数测算表可以设计成含有若干子表的一套报表。填列基本数据后，参数测算表根据 Excel 或其他软件中预先设置的公式，利用数据之间的勾稽关系，逐项审核所填基础数据，并自动生成下年度的养老保险基金收入和支出的预算数。其次，要将测算出的下年养老保险基金预算的收入和支出提取到主表中，同时还要将历年养老保险基金实际发生数填列至主表，并和下年养老保险基金预算收支数进行比较。在实际操作中，填列的即为历年养老保险基金的决算数，决算数可以利用软件直接提取至主表，也可手工填报。然后，根据参数测算表已测算出的预算收支数，提取至平衡调整表，在这个报表中，就可以直接地反映出下一年养老保险基金预算的收入和支出，其养老金缺口或盈余也能直接反映出来。最后，根据已测算出的养老保险基金预算的各项数据，再生成其他功能和作用的报表，比如生成报政府批准的养老保险基金预算报表、报各级人大审查和批准的养老保险基金预算报表和向社会公开的养老保险基金预算报表等。另外，再按照精算原理和现有数据，编制中长期养老保险基金预算的报表。

需要注意的是，社会保险基金预算同一般公共预算编制的区别：其一，理论基础不同。社会保险基金预算编制中总体思路采用了零基预算的方法，但很多指标在技术上采用了渐进预算的方法。因此，社会保险基金预算在编制时既运用了渐进预算理论，也运用了零基预算理论。在编制社会保险基金支出预算时，不论是养老基金，还是医保基金，都是用人数乘以缴费基数，即可得出下一年的预算数，这里使用的是零基预算理论。但是在测算人数、工资总额、缴费基数等指标时，还需用前几年的数据得出同比增长，计算出增长率，进而得出下一年的人数、工资总额、缴费基数等指标的预算数，这里使用的是渐进预算理论。而一般公共预算在项目编制时主要采用零基预算编制理论，将预算支出为零作为基础，逐项编制下年预算，不再考虑以前年度所发生的项目。其二，汇总审核方式不同。社会保险基金预算编制采用的是在一段时间内集中会审的方式,而一般公共预算采用的是"二上二下"的编制审核方式。其三,编制期间不同。社会保险基金期间长,一般公共预算期间短。社会保险基金预算编制要至少利用以前三年的数据资料,对下年和未来若干年的收支计划进行预测。公共财政预算通常只编制下年预算。

三、完善社会保险基金预算的统计指标

社会保险基金预算编制的各项指标都要依据有关法律、法规和经办实际情况设立,除了要设立收入预算指标、支出预算指标和结余预算指标外,还要设立其他对社会保险基金预算产生影响的指标。从统计指标的角度来看,社会保险基金预算体现为一系列基金指标的预算,各项指标的预算过程和结果都能够反映在预算报表中。现阶段,我国还缺乏科学完整的社会保险基金预算统计预测体系,有的预算指标之间缺乏条理清晰的逻辑关系和勾稽关系,甚至还有一些关键指标未能纳入统计范围。本小节试图以养老保险基金、医疗保险基金、工伤保险基金、生育保险基金、失业保险基金为对象,系统研究不同险种预算体系中应测算的八大项指标。

(一)企业职工基本养老保险基金预算指标

最初的社会保险制度就是由企业职工基本养老保险演变而来的,因此该项基金的指标也是社会保险基金预算中最重要的部分。该项指标主要是用来测算企业职工基本养老保险基金下年预算的收入和支出。其收入和支出主要是缴费收入、养老待遇支出和财政补助,其中最为复杂的是缴费收入和养老待遇支出。

缴费收入测算的基本原理是:先测算出平均缴费人数、缴费工资总额、缴费率和征缴率,然后将这四个指标相乘,最后得出缴费收入。可以根据现行政策,将缴费人群分为单位缴费、个人缴费、特殊政策缴费等多种情况,将各部分缴费收入汇总相加即可得出总的缴费收入。

养老待遇支出测算的基本原理是:先测算出离退休人数、离退休月人均养老金和调整待遇数,再用人数×(离退休月人均养老金+预计调整待遇数),得出下年养老待遇支出预算数。其中,人数为:上年人数+新增人数-去世人数,除了上年人数为实际人数外,新增人数和去世人数都要通过增长率进行测算。也可按照现行政策计发办法,分为离休、退休、特殊政策等多种情况,将各类情况分别测算,最后汇总相加即可得出总的养老待

遇支出数。

1. 指标构成

收入指标、支出指标和结余指标是企业职工基本养老保险基金预算指标的主要构成部分。收入指标可以具体划分为职工基本养老保险费收入和财政补贴收入，财政往来指标应该包括上级补助收入和下级上解收入，另外还需设置其他一些收入指标，如利息补贴收入和其他收入等。支出指标可以划分为基本养老金支出、丧葬抚恤补助支出、医疗补助支出，还需设置财政往来方面的指标，如补助下级支出以及上级上解支出等，另外考虑劳动力转移，也要设置转移支出等指标。结余指标有本年收支结余、年末滚存结余指标。在测算中还需设置一些指标，如平均缴费人数、参保职工人数、缴费工资总额、月人均缴费工资基数、上年在岗职工月社会平均工资、缴费率、收缴率、离退休人数、月人均养老金等指标。

2. 指标之间的关系

（1）收入=职工基本养老保险费收入+财政补贴收入+利息收入+上级补助收入+转移收入+下级上解收入+其他收入。

在不考虑清欠、预缴等情况下，职工基本养老保险费收入=平均缴费人数×月人均缴费工资×12个月×缴费率×收缴率。

（2）支出=基本养老金支出+丧葬抚恤补助支出+医疗补助支出+转移支出+补助下级支出+上解上级支出+其他支出。

在不考虑病残津贴和其他特殊政策参保等的情况下，基本养老金支出=退休人员养老金+离休人员养老金=[上年末已退休人数×（上年末退休人员月人均养老金+当年月人均养老金调整）×12个月+当年新增退休人数×当年新增退休人员月人均养老金×6个月-当年退休人员减少数×（上年末退休人员月人均养老金+当年月人均养老金调整）×6个月]+[上年末离休人数×上年末离休人员月人均养老金×12个月-当年离休人员减少数×上年末离休人员月人均养老金×6个月]。

（3）本年收支结余=本年基金收入合计-本年基金支出合计；年末滚存结余=上年结余+本年基金收支结余。

需要说明两点：一是缴费工资总额需分类测算。我国现行政策规定"如果职工月平均工资水平只相当于当地平均工资水平的60%，需要缴纳当地月平均费用的60%；如果职工月平均工资水平超出当地平均水平的3倍以上，也需要缴纳3倍的费用，工资基数不包括超出的部分"。这将会导致单位缴费工资总额和个人缴费工资总额出现差异，因此，为了提高预算的准确性，缴费工资总额应将单位和个人缴费工资总额分类进行计算。二是病残津贴。我国颁布实施的《社会保险法》明确规定，个人如果参加了基本养老保险，没到法律规定退休年龄的时候因为疾病或者某些特殊因素导致劳动能力丧失，也可以领取病残津贴，基本养老保险基金支付这部分资金。根据以上规定，病残津贴应列入社会保险基金，但目前缺乏具体实施办法，因此可将此项支出暂列入养老保险基金支出，待日后明确其支出性质，再按照政策重新调整预算编制指标。

（二）机关事业单位人员、军队退休干部等养老保险基金预算指标

2015年机关事业单位工作人员的退休制度进行了改革，将其纳入了我国社会养老保险制度。在编制2016年社会保险基金预算时，需要按照社会统筹与个人账户相结合的思路，设置机关事业单位人员养老保险基金预算指标，其总体结构应与企业职工基本养老保险基金预算指标相似，只是在收入方面全部来源于财政补助和个人缴费，在支出待遇方面与企业职工养老保险相同。将来，军队退休干部的退休金预算应该和目前已经并轨的机关事业单位人员一样，也并入现行的养老保险基金预算中。指标设计如下：

1. 指标构成

机关事业单位人员、军休干部等离退休基金预算指标主要包括收入、支出、结余和其他因素指标。其中，收入指标不仅包括以政府补助为主要形式的基本养老保险费收入、上级补助收入、下级上解收入，而且包括个人缴费、转移收入以及其他收入指标。支出指标不但包括基本养老金支出、转移支出、医疗补助支出、丧葬抚恤补助支出，还包括财政往来的一些指标，如下级补助支出和上级上解支出等指标。结余指标有本年收支结余、年末滚存结余指标。具体测算时还需设置一些指标，如平均缴费人数、参保职工人数、缴费工资总额、月人均缴费工资基数、上年在岗职工月社会平均工资、缴费率、收缴率、离退休人数、月人均养老金等指标。

2. 指标之间的关系

（1）收入=基本养老保险费收入+转移收入+下级上解收入+上级补助收入+其他收入。

基本养老保险费收入=月人均工资×12个月。基本养老保险费收入全部来源于政府补助。

（2）支出=基本养老金支出+医疗补助支出+丧葬抚恤补助支出+转移

支出+上解上级支出+补助下级支出+其他支出。

在不考虑病残津贴和其他特殊政策参保等的情况下，基本养老金支出=退休人员养老金+离休人员养老金=[上年末已退休人数×（上年末退休人员月人均养老金+当年月人均养老金调整）×12个月+当年新增退休人数×当年新增退休人员月人均养老金×6个月-当年退休人员减少数×（上年末退休人员人均养老金+当年月人均养老金调整）×6个月]+[上年末离休人数×上年末离休人员月人均养老金×12个月-当年离休人员减少数×上年末离休人员月人均养老金×6个月]。

（3）本年收支结余=本年基金收入合计-本年基金支出合计；年末滚存结余=上年结余+本年基金收支结余。

（三）城乡居民养老保险基金预算指标

由于新农保和城居保制度合并实施，其预算指标体系也要合并统计。但是为了同以往的统计衔接并从工作内容上有所区分，特将两种基金预算指标分开阐述。

1. 新型农村养老保险基金预算指标

新型农村养老保险基金预算指标主要是用来测算新型农村养老保险基金下年预算的收入和支出。新农保缴费收入主要有三部分，分别是个人缴费、集体缴费和政府补贴。这三个部分缴费的方式各不相同，个人和集体缴费按照政策又分为若干档次，因此需要将三个部分测算出下年数再相加求和。

个人和集体缴费收入测算的基本原理是：先测算出每个缴费档次的人数，然后将每个档次人数同每档缴费标准相乘，最后累加求和得出总的缴费收入。财政补贴收入分为两部分，一是补助的基础养老金，二是资助个人参保的缴费补助。因此，财政补贴收入测算原理是：按照国家公布的补助标准，用预计人数乘以补助标准，即可得出财政补贴收入。

新农保待遇支出测算的基本原理是：预计待遇发放人数乘以人均补助标准，即可得出待遇支出。由于该项保险支出可分为基础养老金和个人账户两部分，因此再将两部分相加求和即可得出总的待遇支出。该项基金由于标准是固定的，因此测算的关键是人数，上年人数是实际数，下年新增和退出人数需要利用增长率进行测算。

（1）指标构成。新型农村养老保险基金预算指标主要包括收入、支出、结余和其他因素指标。其中，收入指标可以划分为个人缴费收入指标、政府补贴收入指标、集体补助收入指标，财政往来收入指标可以设置为上级补助收入指标和下级上解收入指标，另外还应包括转移收入指标和利息收入指标等。支出指标主要有养老金待遇支出、转移支出、补助下级支出、上解上级支出、其他支出等指标。结余指标有本年收支结余、年末滚存结余指标。还应设置一些具体测算指标，如参保缴费人数、集体补助人数、个人缴费政府补贴标准、基础养老金政府补贴标准、月人均养老金等指标。我国农村进城打工的人数众多，因此在实施新农保基金预算时，需要考虑跨统筹地区的人才流动情况，设置"转移收入"和"转移支出"预算指标，用于核算由于劳动力流动而造成的新农保基金预算的收入和支出。

（2）指标之间的关系。

收入=个人缴费收入+政府补贴收入+集体补助收入+上级补助收入+利息收入+转移收入+下级上解收入。

支出=养老金待遇支出+上解上级支出+补助下级支出+转移支出+其他支出。其中：养老金待遇支出=基础养老金+个人账户养老金，基础养老金支出=当地政府确定的基础养老金标准，个人账户养老金支出=[上年末人数+（新增人数-减少人数）÷2]×人均月个人账户养老金标准×12个月。

2. 城镇居民养老保险基金预算指标

城镇居民养老保险基金预算指标主要用来测算城镇居民养老保险基金下年预算的收入和支出。城居保缴费收入主要有两部分，分别是个人缴费和政府补贴。这两个部分缴费的方式各不相同，个人缴费根据《国务院关于开展城镇居民社会养老保险试点的指导意见》（国发〔2011〕18号），可至少分为10个档次，有的省多达十几个档次。

个人缴费收入测算的基本原理是：先测算出每个缴费档次的人数，然后将每个档次人数同每档缴费标准相乘，最后累加求和得出总的缴费收入。财政补贴收入分为两部分，一是补助基础养老金，二是资助个人参保的缴费补助。因此，财政补贴收入测算原理是：预计人数乘以补助标准，即可得出财政补贴收入。

城居保待遇支出测算的基本原理是：预计待遇发放人数乘以人均补助标准，即可得出待遇支出。城居保支出项目和测算方法与新农保相同，也可分为基础养老金和个人账户两部分，再将两部分相加求和，即可得出总的待遇支出。

（1）指标构成。城镇居民养老保险基金预算指标主要包括收入、支出、结余和其他因素指标。其中，收入指标主要包括个人缴费收入、政府补贴收入和集体补助收入，往来指标有上级补助收入和下级上解收入等，另外还需设置转移收入、利息收入和其他收入等指标。支出指标主要由养老金待遇支出、补助下级支出、转移支出，以及上解上级支出、其他支出等构成。结余指标有本年收支结余、年末滚存结余指标。还需设置一些具体测算的指标，如参保缴费人数、参保缴费档次、集体补助标准、享受待遇人数、基础养老金政府补贴标准、月人均养老金等指标。

（2）指标之间的关系。

收入=个人缴费收入+政府补贴收入+转移收入+集体补助收入+上级补助收入+下级上解收入+利息收入。

支出=养老金待遇支出+补助下级支出+转移支出+上解上级支出+其他支出。其中：养老金待遇支出=基础养老金+个人账户养老金，基础养老金支出=政府制定的基础养老金标准，个人账户养老金支出=[上年末人数+（新增人数−减少人数）÷2]×人均月个人账户养老金标准×12个月。

需要说明的是，由于城镇居民养老保险没有翔实丰富的历史数据为支撑，各缴费档次人员结构存在较大的差异和不确定性。因此，根据《国务院关于开展城镇居民社会养老保险试点的指导意见》(国发〔2011〕18号)规定，在预算指标设计时，还需要注意以下几点：一是要结合当地缴费人员结构和当年扩面情况，至少分成国家规定的十个档次；二是要将享受待遇的人员分为缴费和未缴费的两类人员统计。因为在城镇居民养老保险制度实施时，已满60周岁的老年人不用缴费就可按月领取养老金，即未缴费享受待遇人员；三是要统筹考虑加发的养老金。城镇居民如果长期缴纳养老保险费用，还可以领取基础养老金，因此要在支出参数表中除了测算基础养老金支出、个人账户养老金支出，还要体现出"加发基础养老金"的支出预算。

（四）城镇职工基本医疗保险基金预算指标

城镇职工基本医疗保险是社会保险制度中最先启动的保险之一，该项基金的指标也是社会保险基金预算中最重要的部分。该项指标主要是用来测算城镇职工基本医疗保险基金下年预算的收入和支出。其收入和支出包括保费收入、财政补贴收入、利息收入、转移收入、医保待遇支出、转移支出等，但最主要的收支就是医疗保费收入和医保待遇支出。

保费缴费收入测算的基本原理是先测算出参保缴费人数、月人均缴费工资、缴费基数总额、缴费率和征缴率，然后用人数×月人均缴费工资×12个月×缴费率×征缴率，最后得出缴费收入。由于医保收入分为个人账户和统筹账户，并且单位缴纳的保费要按照20%～35%的比例划入个人账户，因此还需将这部分资金计算到个人账户。

医保待遇支出测算的基本原理是：总费用为住院支出、门诊支出和药店支出之和。总费用乘以支付比例，再将个人账户、统筹账户和单建账户中的住院、门诊和药店支出相加求和，最后得出总的医保待遇支出。

（1）指标构成。收入指标可以大致分成三类，一类是城镇职工医疗保险费收入的指标；二类是财政类的指标，包括政府补贴和上级补助、下级上解的收入指标；三类是转移收入、利息收入和其他收入等指标。支出指标也可分成三类，一类是基本医疗保险待遇支出的指标；二类是财政类指标，包括补助下级和上解上级支出的指标；三类是包括转移支出和其他支出等指标。结余指标有本年收支结余、年末滚存结余指标。其他影响因素指标有住院总费用、普通门（急）诊总费用、门诊大病总费用、定点零售药店总费用、住院人次、门诊人次、次均费用等指标。

（2）指标之间的关系。

收入=保费收入+转移收入+政府补贴收入+利息收入+上级补助收入+下级上解收入。在不考虑清欠、预缴等情况下，保费收入=统筹基金收入+个人账户收入+单建统筹收入，其中：统筹基金收入=单位缴费基数总额×单位缴费比例×征缴率（1-单位缴纳划入个人账户比例），个人账户收入=（个人缴费基数总额×个人缴费比例+单位缴费基数总额×单位缴费比例×单位缴纳划入个人账户比例）×征缴率，单建统筹收入=缴费基数总额×缴费比例×征缴率。

支出=基本医疗保险待遇支出+转移支出+补助下级支出+上解上级支出+其他支出。基本医疗保险待遇支出=统筹基金支出+个人账户支出+单建统筹支出，这三项支出都是按照"总费用×支付比例"的方法测算，总费用按照"住院（门诊）人次×次均费用×支付比例"的方法测算，支付比例按照"支付数÷总费用"的方法测算。统筹基金支出和个人账户支出都包括住院和门诊费用，个人账户包括药店费用。

本年收支结余=本年基金收入合计-本年基金支出合计；年末滚存结余=上年结余+本年基金收支结余。

有以下几点需要说明：

一是"以收定支"的预算原则值得商榷。城镇职工基本医疗保险制度规定了"以收定支、收支平衡"的基金预算原则。按照这个原则,医疗保险基金预算按照预算收入确定了支出,就不会存在支出"缺口"[①],那么也没有必要按照实际预测的医疗费为依据来编制基金的支出预算。因此,在实际操作中,"以收定支"的预算原则带来了预算编制上困惑。新型农村合作医疗、城镇居民基本医疗保险也面临着同样的问题。

二是统筹地区要作为测算单元。由于我国城镇职工基本医疗保险分为统账结合和单建统筹两种模式,缴费基数也存在单基数和双基数两种基数,情况比较复杂,所以测算时要按照统筹地区缴费基数总额、缴费率、收缴率作为预算征收的测算指标,而不能简单地定为国家或省级等级别的平均标准。

三是缴费基数总额要分别测算。由于医保采取了统筹账户和个人账户相结合,所以缴费基数总额也要分成单位缴费基数总额和个人缴费基数总额。单建统筹模式下的缴费基数总额即为单位缴费基数总额。

四是个人账户划入比例的调整。个人账户划入比例由统筹地区根据个人账户的支付范围和职工年龄等因素确定。目前全国各地并不相同,大部分省份在30%左右,但也有部分省份高于35%,部分省份低于25%。如果发生单位缴费比例上升或下降,不同年龄层参保人员划入比例调整的情况,都可考虑调整个人账户划入比例。

五是明确基本医疗保险待遇预算支出范围和方式。支出范围包括住院、门诊和药店支出,医保方式包括按服务项目、按病种付费和总额预付等多种方式。虽然医保支出范围和方式的分类较多,但是都可以利用支付比例、住院率、次均住院费等基本指标,发现其变化趋势和规律,科学合理地编制基金预算。

(五)城乡居民医疗保险基金预算指标

该项预算指标主要是用来测算城乡居民医疗保险基金下年预算的收入和支出。城乡居民医保收入主要为个人缴费和财政补助。医保缴费收入测算的基本原理是:参保人数乘以缴费标准,得出缴费收入。医保待遇支出测算的基本原理是:总费用乘以支出比例,得出总费用支出。其中住院总费用为:出院人次×次均住院费用;门诊总费用为:门诊人次×门诊次均费用。

[①]杨涛. 山东省社会保险基金预算管理探析[J]. 东岳论丛,2014,3:164.

第三章 社会保险基金预算的编制

1. 指标构成

收入指标大致可以分成三类：一类是城乡居民医疗保险费的指标；二类是财政类指标，包括政府补贴、上级补助和下级上解收入的指标；三类是利息收入、转移收入和其他收入等指标。支出指标可以分成三类：一类是城乡居民医疗保险待遇支出的指标；二类是财政类指标，包括补助下级和上解上级支出的指标；三类是转移支出和其他支出等指标。结余指标有本年收支结余、年末滚存结余指标。具体测算时还需要设置一些指标，如住院基金支出、普通门（急）诊支出、门诊大病支出、生育待遇支出、住院总费用、门诊（急）总费、住院人次、门诊人次、次均费用等指标。

2. 指标之间的关系

收入=保费收入+转移收入+利息收入+上级补助收入+政府补贴收入+下级上解收入。在不考虑清欠、预缴等情况下，保费收入=个人缴费收入+财政补助收入，其中：根据现有政策，个人缴费和财政补助收入又分为若干人群和档次，如成年人缴费标准和财政补助标准按 18～60 岁、60 岁以上人群分类，每种人群又分为普通居民、老年居民、低保居民、重残居民、低收入老年居民、其他困难居民等标准；未成年人缴费标准和财政补助标准分为普通学生儿童、低保学生儿童、重残学生儿童、其他困难学生儿童等标准；大学生缴费标准和财政补助标准分为普通大学生、困难大学生等标准。

支出=城乡居民基本医疗待遇支出+转移支出+补助下级支出+上解上级支出+其他支出。城乡居民基本医疗待遇支出=住院支出+门诊支出+生育支出，住院、门诊和生育支出均按照"总费用×支付比例"的方法测算，总费用按照"人次（住院、门诊、预计分娩等人数）×次均费用×支付比例"的方法测算，支付比例按照"支付数÷总费用"的方法测算。

本年收支结余=本年基金收入合计-本年基金支出合计；年末滚存结余=上年结余+本年基金收支结余。

（六）工伤保险基金预算指标

该项指标主要用来测算工伤保险基金下年预算的收入和支出。工伤保险基金缴费收入测算的基本原理是：缴费人数×月均缴费工资×12 个月×费率×征缴率=缴费收入。

工伤保险基金支出测算的基本原理是：工伤住院、辅助器具、康复、护理等待遇支出乘以增长率，得出各项待遇的预算支出，再将各项待遇的预算支出相加求和，得出总的待遇支出。

1. 指标构成

收入指标大致可以分成三类：一类是工伤保险费收入指标；二类是财政类指标，包括财政补贴、上级补助和下级上解收入指标；三类是利息收入和其他收入等指标。支出指标可以分成四类：一类是工伤医疗保险待遇支出和工亡待遇支出指标；二类是同工伤后期支出有关的指标，包括伤残待遇、劳动能力鉴定费等支出指标；三类是财政类指标，包括补助下级和上解上级支出指标；四类是转移支出和其他支出等指标。结余指标有本年收支结余、年末滚存结余指标。具体测算时还需设置一些指标，如平均缴费人数、月人均缴费工资、平均费率、收缴率、缴费工资总额、应缴收入和上年在岗职工月平均工资、门诊费用、住院费用、工伤康复支出、抚恤补助支出、丧葬补助支出、辅助器具支出、护理费支出和伤残津贴支出等指标。

2. 指标之间的关系

收入=工伤保费收入+上级补助收入+下级上解收入+政府补贴收入+利息收入+转移收入。在不考虑清欠、预缴等情况下，保费收入=一般用人单位缴费收入+建筑施工企业等缴费收入，其中：一般用人单位缴费收入=平均缴费人数×月人均缴费工资×平均费率×收缴率，建筑施工企业等缴费收入是指建筑施工企业、小型服务业企业和小型矿山等难以确定工资总额的行业缴费收入，其收入应由当地政府规定计算办法。

支出=工伤医疗待遇支出+工亡待遇支出+伤残待遇支出+劳动能力鉴定费支出+工伤预防费支出+工伤保险先行支付支出+转移支出+补助下级支出+上解上级支出+其他支出。其中：工伤医疗待遇支出用包括住院、门诊、康复、辅助器具等，工亡待遇支出包括亲属抚恤金、一次性工亡补助、丧葬费等，伤残待遇支出包括一次性伤残补助、生活护理费和伤残津贴等。

本年收支结余=本年基金收入合计-本年基金支出合计；年末滚存结余=上年结余+本年基金收支结余。

有两点需要说明：一是其他医疗待遇的确定。应该在统计体系应设置"其他医疗待遇"这个指标，用来统计《社会保险法》中明确而会计条例还未设置科目的项目。如《社会保险法》第三十八条规定"住院伙食补助费""到统筹地区以外就医的交通食宿费""终止或者解除劳动合同时，应当享受的一次性医疗补助金"等费用，可从工伤保险基金中支付。但目前的工伤保险会计条例尚未明确设置其科目，所以应当暂放入"其他医疗待遇"项进行统计。二是工伤保险费率的选择。工伤保险费率是国家按照"以支定收、收支平衡"的原则，根据每个行业不同的风险程度确定的。根据《关于工伤保险费率问题的通知》（劳社部发〔2003〕29号），将行业划分为风险较小行业、中等风险行业和风险较大行业，分别实行三种不同的工伤保险缴费率。如金融证券行业属于风险较小的行业，房地产、铁路属于中等风险行业，石油加工、煤炭开采属于风险较大的企业。各行业的基准费率分别控制在用人单位工资总额的0.5%、1.0%和2.0%。因此，在选择费率上要根据统筹地区的行业实际情况，选择国家规定的费率。

（七）失业保险基金预算指标

该项指标主要用来测算失业保险基金下年预算的收入和支出。失业保险基金缴费收入测算的基本原理是：缴费总额×费率×征缴率=失业保费收入。失业保险基金支出测算的基本原理是：符合失业的人应该领取失业金的总月数，再乘以月人均失业金，得出失业保险基金总支出。其余医疗补助、职业介绍和职业培训等待遇支出，均按上年支出数乘以增长率，得出各项待遇的预算支出，再将各项待遇的预算支出相加求和，得出总的待遇支出。

1．指标构成

失业保险基金收入指标大致可以分成三类：一类是失业保险费收入；二类是财政类指标，包括政府补贴、上级补助和下级上解收入的指标；三类是转移收入、利息收入和其他收入等指标。支出指标分为四类：一类是失业保险待遇支出指标；二类是失业期间的丧葬抚恤补助、医疗补助、职业培训和职业介绍支出指标；三类是财政类指标，包括补助下级和上解上级支出的指标；四类是转移支出和其他支出等指标。结余指标有上年结余、本年收支结余、核减基金结余数、年末滚存结余指标。其他影响因素指标有参保人数、补缴以前年度欠费等指标。

2．指标之间的关系

收入=保费收入+转移收入政府补贴收入+利息收入+上级补助收入+下级上解收入。

支出=失业保险待遇支出+丧葬抚恤补助支出+医疗补助支出+转移支出+职业培训和职业介绍补贴支出+补助下级支出+上解上级支出+其他支

出等指标。失业保险金支出=领取失业金人月数×月人均领取失业金金额。

本年收支结余=本年基金收入合计-本年基金支出合计；年末滚存结余=上年结余+本年基金收支结余-核减基金结余数。

（八）生育保险基金预算指标

该项指标主要是用来测算生育保险基金下年预算的收入和支出。

生育保险基金缴费收入测算的基本原理是：人数×年人均缴费基数×费率×征缴率=生育保费收入。由于各地情况不同，生育保险的缴费率应以当地规定为准，而不宜全国统一。生育保险基金支出主要分两部分，一是医疗费用，二是生育津贴。

生育保险基金支出测算的基本原理是：医疗费用=生育人数×人均医疗费用，生育津贴=领取生育津贴人数×次均生育津贴领取数。

1. 指标构成

生育保险基金收入指标大致可以分成三类：一类是生育保险费收入的指标；二类是财政类指标，包括政府补贴、上级补助和下级上解收入的指标；三类是转移收入、利息收入和其他收入等指标。支出指标分成三类：一类是生育保险金支出的指标；二类是财政类指标，包括补助下级和上解上级支出的指标；三类是其他支出等指标。结余指标有本年收支结余、年末滚存结余指标。具体测算时还需设置一些指标，如参保人数、缴费率、收缴率、医疗费用、生育津贴等指标。

2. 指标之间的关系

收入=保费收入+转移收入+上级补助收入+政府补贴收入+下级上解收入。不考虑清欠、预缴等情况，保费收入=平均参保人数×月人均缴费基数×12个月×缴费率×征缴率

支出=生育保险支出+补助下级支出+上解上级支出+其他支出。生育保险支出包括生育医疗费用和生育津贴。

本年收支结余=本年基金收入合计-本年基金支出合计；年末滚存结余=上年结余+本年基金收支结余。

除了设置上述九种社会保险基金预算的指标，还需要在编制预算和决算中运用和审核这些指标。首先，要人工设置增长趋势、增长率等基础性指标，并按要求将已采集的指标数据填入由软件公司设置好的预算编制软件；其次，经软件设置好的公式测算后，各项预算数将在收入参数表中自

动运算生成，并自动提取到预算总表中；最后，待社会保险基金预算执行完毕，按要求填列决算数据，系统生成当年预、决算对比表，用于检验预算编制的准确性。

在统筹地区经办机构预算、决算编制完成后，上级人社部门及其经办机构、财政部门应当按照职责和当地实际情况，对预算收入、支出和结余情况进行审核。比如，审核当期养老保险征缴收入预算时，由于考虑到近年来在职职工的工资平均增幅基本超过10%，所以其平均工资对养老保险费的增长拉动不应低于5%，所以可将审核标准定为同比增长率大于5%。在经过多年实践检验后，可将审核标准设置在上级部门的接收软件中，上级审核部门可实时变更审核指数，利用系统查找异常的地方，及时让下级编报部门修正数据。

四、实现会计核算管理工作的标准化与规范化

社会保险基金预算编制除了要有翔实的人数、缴费基数、增长率等业务数据和资料外，还需要各级经办机构提供大量的会计基础数据。目前，社会保险基金预算会计处理上还存在一些问题，影响了社会保险基金预算编制的数据采集。例如，社会保险基金会计制度仅包括企业职工基本养老保险、城镇职工基本医疗保险和失业保险三种基金的核算；以收付实现制为基础的会计核算不能真实反映社会保险基金管理和保值增值等情况；社会保险基金会计核算中缺少反映个人账户信息的会计科目等。因此，还需要在财务制度上增加相应险种，改进会计核算基础，进一步规范社会保险基金预算的会计处理方法。

社会保险基金会计要以养老、医保、工伤、失业、生育等基金作为会计主体，以货币为计量单位，在基金收入、支出、结存及资金运用等方面进行完整、连续地核算和监督。社会保险基金会计要遵循会计主体、持续经营、会计分期和货币计量的基本前提，也要遵循会计核算中的真实性、相关性、一贯性和重要性等原则。各保险经办机构在核算社会保险基金时，要遵循行政单位的会计科目分为资产类、负债类、净资产类、收入类和支出类等五类，运用复式记账的方法，合理设置社会保险基金的会计科目和账户，填制会计凭证，登记会计账簿，编制会计报表等。在完善社保基金会计核算科目方面，负债类会计科目可以增加应付票据、应付社会保障增值金、应付职工薪酬等科目；净资产类的会计科目可以增加资本公积、增值金等具体的明细科目；收入支出类的会计科目可以

增加投资收入其他业务收入、投资费用支出、财务费用等科目。只有通过健全会计核算科目体系的设置，才能实现会计核算管理工作的标准化与规范化。[①]

（一）增加社会保险基金会计核算险种

除1999年颁布的《社会保险基金会计制度》规定了企业职工基本养老保险、城镇职工基本医疗保险和失业保险的基金会计处理方法外，近年来其他新增的社会保险基金并未规范和明确会计科目和账务处理。因此，应从社会保险基金预算编制的实际需求出发，增加机关事业和军休干部等离退休金、城乡居民养老保险、城镇居民医疗保险、新型农村合作医疗保险、工伤保险、生育保险六个险种的会计科目和账务处理方法，进一步完善社会保险基金的会计处理，为基金预算编制提供更准确、翔实的会计基础数据。

在对以上九种保险基金进行会计处理时，要遵从社会保险基金预算的内容进行科目设置，以便编制预算时采集使用。社会保险基金预算收入主要由保险缴费和财政补助等部分组成；社会保险基金预算支出主要由离退休养老金、丧葬抚恤补助、医疗保险待遇、工亡待遇、后期伤残待遇、劳动能力鉴定费、失业基本生活费、职业培训、生育补助等组成。

在会计科目设置方面，按基金预算的内容，应该设置"××保险基金存款""××保险基金"为一级总账科目，并在"××保险基金"科目下设置"××保险基金—保险费收入（或利息收入、财政补贴收入、转移收入、上级补助收入、下级上解收入、其他收入、基本养老金支出、医疗待遇支出、丧葬抚恤补助支出、转移支出、补助下级支出、上解上级支出、其他支出等对应科目）"等二级科目，用来核算社会保险基金的收支。"××保险基金存款"的性质属于资产类账户，"××保险基金"及其二级账户的性质属于权益类账户。

在账务处理方面，当经办机构取得各项社会保险基金的各种收入时，应做如下会计处理。

借：××保险基金存款

贷：××保险基金：保险费收入

××保险基金：利息收入

[①]王景国. 社保会计核算问题与对策[J]. 胜利油田党校学报，2013，26（3）：74-75.

××保险基金：财政补贴收入

××保险基金：转移收入

××保险基金：上级补助收入

××保险基金：下级上解收入

××保险基金：其他收入

当经办机构发生各项社会保险基金各项支出时，应做如下会计处理。

借：××保险基金：保险待遇支出（养老待遇、医疗待遇、工伤补助、失业补助、生育补助等）

××保险基金：转移支出

××保险基金：补助下级支出

××保险基金：上解上级支出

贷：××保险基金存款

（二）采用修正的权责发生制为核算基础

修正的权责发生制是指在原则上采用权责发生制核算，如对养老、医保等保险基金中的个人账户部分采用权责发生制核算。财政部于1999年颁布了《社会保险基金会计制度》，规定社会保险基金会计核算基础为收付实现制，这种会计核算以实际收入和支出作为会计确认的标准，在一些人口年轻和缴费较好的城市，收付实现制核算的基金收入远大于支出，形成大量结余，但实际上所谓的结余属于负债性质，也是未来要支付的费用。[1]收付实现制的会计核算基础，不能全面准确记录和反映社会保险基金的资产负债情况和正确的成本效益，也不符合政府会计改革的趋势。由于社保基金性质的特殊性，收入和支出的会计核算基础难以采用单一的模式，因此可采用修正的权责发生制。目前新农合基金已采用了权责发生制进行核算。

为推进政府履行受托责任，社会保险基金中新农保、城居保、职工医保、新农合、居民医保的个人账户部分也应向权责发生制的会计核算基础转变。从具体操作层面看，每个公民所缴纳的个人账户部分属于基金积累的性质，从征缴到发放有一个很长的期间。记录个人缴费的个人账户不应以款项的实际收进和付出来确认本期收入和支出，而是应按权责关系的实际发生和受益影响期间来确认收支。

---

[1] 郜丽云. 权责发生制在社保基金和政府负债管理与核算中的应用[J]. 经济论坛，2004（10）：134.

(三) 完善社会保险基金的会计科目

社会保险经办机构和财政部门需要根据实际情况，在国家规定的科目基础上，增加必要的会计科目，如"应收社会保险费""欠缴社会保险费""应付社会保险基金""未付社会保险基金"和"待处理资产"等，这样基金收支的过程即可得到更加全面的反映。[①]财政部门应该在财政总预算会计核算中增加对社会保险基金单独核算的会计科目。同时，财政部门的专户也要设置相应账户，核算各险种社会保险基金收支情况，以便同经办机构核对明细账户，准确填报预算所需数据。

(四) 加强社保会计与社会保险系统衔接

社会保险基金财务会计还必须同与社会保险系统及时衔接，实现数据共享。首先，社保基金的财务与会计部门要根据信息系统的数据资源确认征收或者拨付的款项；其次，要通过基金财务信息系统对基金收支金额进行记账与核算，并在数据库中生成相应的数据记账凭证；生成记账凭证的同时，在共享数据库中对记账凭证编号、到账时间、会计姓名信息等进行保存与共享，从而实现外部查询；最后，社会保险基金管理经办部门可以随时调出会计系统和信息系统生成的数据，并能够完成社保基金收付金额比对，从而完善社会保险基金内部控制。只有这样，才能够充分发挥社会保险基金会计的作用，及时发现问题和漏洞，实现社会保险基金的有效管理。

[①] 石虹. 改进社会保险经办机构财会工作之我见[J]. 山西经济管理干部学院学报，2007（2）：80-81.

第四章 社会保险基金预算管理的有效路径

第一节 不断完善社会保险基金预算执行机制

预算执行是社会保险基金预算实施的关键环节，是具体贯彻落实党和国家重大方针政策的过程。从预算执行环节分析，在预算执行过程中，由于存在不可预知的突发事件，预算内容往往与实际会有冲突，需要根据实际进行必要的预算调整；在预算执行终结时，还需及时编制社会保险基金决算，全面反映社会保险基金预算收支的执行结果，分析存在的问题，为下年度的预算编制提供依据。目前，我国社会保险基金预算在执行中存在组织体系不健全、预算约束力不强、账户管理混乱、预算调整随意性大等问题。本章将针对社会保险基金预算执行的组织体系、执行原则和流程、账户管理以及调整、决算等问题进行深入分析，并试图寻求进一步的完善措施。

一、强化社会保险基金预算执行

（一）社会保险基金预算执行的组织体系

社会保险基金预算执行是财政、人社等部门依据国家法律法规等有关规定，对社会保险基金预算收支执行全过程进行计划、组织、实施、监督和平衡等一系列管理活动。如果说社会保险基金预算编制是一项阶段性的工作，那么基金预算执行则要贯穿整个预算年度，只有经过全年大量的工作，才能将已编制的预算变为现实。预算执行是实现预算各项收支任务的关键环节。同部门预算执行相同，社会保险基金预算执行包括基金收入预算执行、基金支出预算执行和执行分析等。

社会保险基金预算近几年才开始编制，还需要在预算执行方面建立一套完整的组织系统，要明确各部门的职责，划分各部门的管理职能，用以保证预算顺利执行。社会保险基金预算执行的组织体系应由国家行政管理机关、职能部门以及各类专门机构组成，并实行统一领导、分工负责。

组织机构主要有下列五项职责：一是在各自职权范围内制定基金预算执行的具体政策、法令和制度等，提出完成社会保险基金预算收支的措施、办法，建立社会保险基金预算管理制度体系；二是积极组织社会保险基金征缴，把应缴款项及时、足额收缴财政专户；三是按照预算审核的用途，及时合理地拨付基金，提高基金使用效益；四是及时掌握社会保险基金预算收支，做好预算执行分析研究，提出预算执行改进措施和建议；五是加强社会保险基金预算的执行监督，严格执行管理制度，对基金预算执行中的基金筹集、使用等行为进行监督检查。

社会保险基金预算按照国家行政管理体系，由本级政府组织执行，待财政和人社部门批复后，具体执行由经办机构负责，可分为领导机构、执行管理机构和执行主体。

1. 领导机构

国务院和地方各级政府是部门预算的组织领导机关。国务院负责执行国家中央预算；省及省以下各级政府承担着地方预算执行的职能，同时对本级部门以及下属政府的预算执行进行监督和指导。领导机构的具体职责是：在法律法规以及制度规定的范围内，根据当地实际状况，制定有关预算执行的规定和具体实施办法；加强组织和协调，对各级经办机构、财政部门以及税务部门等基金预算收入取得部门进行监管，同时督促财务部门对预算支出进行严格监管；根据实际情况，在报经政府和人大批准后，核减收入或追加支出预算。

2. 执行管理机构

各级财政、人社部门是各级政府主管分配的职能机构，在国家预算执行中代表各级政府全面负责组织预算的具体执行工作，是社会保险基金预算的具体执行管理机构。财政部门对国务院负责，具体执行国家政府预算和中央预算，并指导地方预算的执行；省及省以下各级财政部门对地方各级政府，具体负责组织本级预算的执行，同时对下一级预算执行进行指导和监督，并每隔一定时间将预算执行情况上报给上级财政部门以及同级政府部门。具体来讲，它的主要职责是制定有关措施，并保证严格执行，为社会保险基金平稳运行提供条件；针对基金预算收入和支出，制定相应的管理办法；监督基金预算的征收部门，保证缴纳预算收入的单位和个人能够按时缴纳。财政部门还要立足于年度支出预算以及支出计划，合理支配资金，同时要求不同单位以及组织严格执行预算，提升社会保险基金的利用效率。执行管理机构需要建立完善的财务制度以及会计核算制度，合理支配预算资金，按照规定时间将社会保险基金预算执行情况上报给上级财政部门以及本级政府部门，并提出相应的改进措施。

3. 执行主体机构

负责社会保险基金预算执行的主体机构为各经办机构以及税务部门。必须要明确主管部门职责，严格落实财务收支计划，并在规定时间内将预算情况上报给财政部门。保险经办机构以及税务部门的财务机构要做好本单位内部的预算执行工作。具体来讲，它的职责主要体现在：严格落实社会保险基金预算，在法定范围内开拓基金收入渠道，并缴纳预算收入；严格按照支出预算以及财务制度的规定划拨资金；核算本单位的经济业务；在规定时间内将预算执行情况上报给财政主管部门以及政府部门，同时还要接受来自其他部门的监管。

（二）社会保险基金收入预算执行

1. 社会保险基金征缴单位及范围

目前，我国各级养老保险中心、医疗保险中心、失业保险中心和税务部门具有征缴社会保险基金的权限。社会保险基金的征缴范围很广，如国家机关、事业单位，还有企业、民办非企业单位、社会团体等组织，此外还有农村居民和城镇个体劳动者。城镇个体劳动者包括城镇个体工商户、自由职业者以及其他依法自行参保的人员。

2. 社会保险基金征缴流程

规范合理的缴费流程是确保社会保险基金预算收入的基础。按照目前的有关规定，缴费流程至少需要包括以下几方面内容：首先，缴费单位应当持营业执照等有关证件，到当地保险经办机构申请登记办理社会保险业务。缴费单位必须按月向社会保险经办机构申报应缴纳的社会保险费数额，经社会保险经办机构核定后，用人单位应当到其开户银行或者其他金融机构缴纳，将其应缴纳的社会保险费划入社会保险经办机构在开设的"社会保险费收入专户"。用人单位可委托银行为其职工代扣社会保险费。职工应当缴纳的社会保险费也可由用人单位代扣代缴。其次，社保经办机构或税务机关要将征缴回来的社会保险费存入社会保险基金收入户，并定期将收到的基金存入依法开设的社会保险基金财政专户。社会保险经办机构对已征收的社会保险费，还需要根据实际缴纳额和代扣代缴明细，按照国家有关规定进行记账。最后，财政部门要负责接收上缴的社会保险基金，并管理社会保险基金财政专户，对各项社会保险基金记账并需要及时同经办机构对账。如果保险经办机构没有按照规定的数额和时间将社会保险基金划缴入财政专户，那么财政部门还可以委托开户银行在月末将全部社会保险基金划入财政专户。

3. 社会保险基金预算收入账户

社会保险基金预算收入账户是收入执行的必要手段。该类账户主要用于归集社会保险基金预算收入，包括收入户和财政专户。

（1）社会保险基金的收入户。收入户最初在20世纪90年代为办理养老保险基金而设立，并按照收支两条线的资金管理办法进行规范。1998年颁布的《社会保险基金财务制度》明确了收入户的主要用途，并将社会保险基金扩展至3项，收入户也随之增加到3个账户。比照《社会保险基金财务制度》明确规定可以开设的企业职工基本养老保险基金收入户、城镇职工基本医疗保险基金收入户和失业保险基金收入户，目前各项社会保险基金都应开设收入户，用来核算该险种的基金收入。

1999年《社会保险费申报缴纳管理暂行办法》规定了收入户中的社会保险费要存入财政专户。收入户还负责暂存收到上级经办机构下拨的资金，也负责暂存收到的下级经办机构上解的资金，同时也要暂存本月产生的利息、财政补助和滞纳金等其他收入。可以看出，收入户负责收缴各种收入，可以存入各种收入，但是除了向财政专户支付外，不能再发生任何其他的支付业务。养老、医疗、工伤、生育、失业等社会保险基金的收入应该存入各自的收入户，分别记账，相互之间不能调剂使用。

为了避免多头开户和保障资金安全，根据《社会保险基金财务制度》，收入户应由财政部门和人社部门共同认定才可开设，并且应该在国有商业银行开设。在实际开设中，可根据当地企业分布情况，按照方便缴费的原则开设收入户，但是收入户不宜开设过多，否则容易造成资金调度和管理上的混乱，一个统筹地区原则上开设一个收入账户。

在税务征收的地区，由于税务机关已有征缴税金的账户，因此《社会保险基金财务制度》规定，税务机关征缴社会保险基金的地区，不再另设收入账户。按照收支两条线的管理要求，收入户的主要用途是暂存征缴入户的各项社会保险基金，每到月末，要将各险种的收入户清零，把各项社会保险基金转入财政专户，不能留有余额。

由于存在企业瞒报缴费基数、恶意拖欠和企业破产时政府补助不到位等现象，还需明晰税务和经办机构在社保基金征收、管理和监督上职能定位，提高基金征缴力度和管理水平。

第四章　社会保险基金预算管理的有效路径

实行税务征收既可以借助我国已拥有的较为健全高效的税收征管体系，又可节省大量的筹集费用，便于进行全面系统的管理和监督。随着社会保障事业不断完善，我国应更大范围实行税务征收。从交易成本的角度看，由税务部门征收社会保障税，银行部门发放社会保险基金的模式更有利于降低交易成本。从国际上看，美国、德国、加拿大等国的社会保障税由税务机关负责征收，俄罗斯和德国等国由社会保障机构负责则征收。需要注意的是，税务征收虽然可以降低征收成本，但是也有不足之处。如在地税征收时，有的省市存在信息传递滞后的现象，社会保险费经办机构不能实时了解征缴情况，而地税部门也不能实时地了解新增参保单位、参保单位基本情况，这是以后需要逐渐完善的地方。

（2）社会保险基金的财政专户。设置社会保险基金的财政专户是将社会保险基金预算纳入政府预算的具体措施。根据社会保险基金预算的性质，必须要将其纳入政府预算，由政府及其预算管理部门进行统一管理。

财政专户的主要作用有：一是接受税务机关或保险经办机构从收入户中缴入的各项社会保险费，并根据保险经办机构的用款计划，向保险经办机构的支出户拨付各项社会保险基金；二是在补助下级或上解上级社会保险基金时，要通过社会保险基金财政专户拨付有关基金；三是接受财政补贴，财政专户要反映公共财政对社会保险基金预算的补助，我国政府预算支出功能类科目中第209类社会保险基金就反映了此项支出。一般来说，为了资金安全，财政专户也要避免多头开户的情况，应该尽量减少开设在不同国有商业银行的账户。财政专户在接受和拨付基金时，要办理缴拨的手续，填列专用的用款计划和凭证，这样才能从各个环节上保证社会保险基金的安全运行。根据我国现有制度规定，只有财政专户才能购买国债和转存定期银行存款。因此，除了全国社会保障基金理事会外，财政专户是社会保险基金保值增值最重要并且唯一的操作工具。

财政专户要管理全部社会保险基金的收入和支出，数额巨大，有些地方的社会保险基金结余甚至超过了当地的国库结余，因此还需要加强对财政专户的监督和检查。首先，要建立财政专户的财政内部管理制度，在社会保险业务部门和国库部门要做好职责分工，严肃财经纪律，做好同经办机构、税务部门和银行的日常对账工作，使每个岗位都能够相互制约和监督，避免一把手调度资金的权力过大。其次，要定期向政府报告或向社会公开财政专户内的社会保险基金情况，包括社会保险基金的收支情况、使用情况、转存定期情况、购买国债情况以及保值增值等情况。最后，还要充分发挥审计部门、财政监察部门的监督，将社会保险基金财政专户作为每年审计工作的重要组成部分，使确保社会保险基金安全的警钟长鸣，提高社会保险基金的安全性和可靠性。

（三）社会保险基金支出预算执行

社会保险基金支出预算执行是社会保险基金预算中的一个重要环节，是分配和使用基金预算的过程，它直接关系到每个公民的养老和医疗，涉及财政部门、人社部门、养老保险经办机构和医保经办机构。因此，必须明确各方职责，协调好部门关系，才能及时拨付社会保险基金。

1. 社会保险基金支出预算执行原则

社会保险基金支出预算执行要遵循以下三条原则：一是要严格执行拨付计划。坚持按照核定的年度支出预算和用款计划进行，不能办理无预算、无计划拨款。在特定条件下，支出如果超出预算，则需要经办机构办理追加支出预算手续，否则不能划拨资金；二是要按预算级次拨款。要按照预算级次逐级办理社会保险基金预算调剂补助，财政部门只对同级经办机构办理拨款，各经办机构之间不能发生横向拨款关系；三是不能违背支出用途。各级财政、经办机构要按照养老、医疗等不同的用途拨付基金，不得挤占挪用和改变险种的支出用途。

2. 社会保险基金支出预算执行的程序

按照目前有关规定，支出预算的流程至少需要包括以下几方面内容：首先，各经办机构编报每月用款计划。各经办机构根据核定的全年预算执行数，编制养老、医疗等分月用款计划并向同级财政部门报送。用款计划要注明支出项目、金额以及审签人员等。其次，财政部门审核下达分月用款计划。财政部门内部由社会保障司（处、科、股）审核社会保险基金支出进度、险种和金额，并提出核准数，再报送至财政国库部门。财政部门的社会保障司（处、科、股）是社会保险基金预算的财政管理部门，主要负责做好预算指标下达、用款计划审核，以及财务管理等工作。最后，国库部门对社会保障司（处、科、股）反馈回来的用款计划进行最后审核，并及时拨付给各保险社会保险经办机构。

国库部门主要负责账户开立、账户变更、账户撤销、资金管理和会计记账工作，并按月按险种提供社会保险基金入库当月数、累计数以及社会保险基金财政专户收支相关数据。最后，社会保险经办机构将养老、医疗、失业、生育和工伤保险基金发至个人。参保人员的养老金应由社会保险经办机构实行社会化发放，即由社会保险经办机构提供名单和养老金数额，通过银行、邮局等中介机构及时发放。医保基金应通过医保卡发放至个人账户，同时医保中心及时与医疗机构结算，使用统筹基金支付所需医疗费用。统筹基金和个人账户应当分别核算，划分出各自的支付范围，不能相互挤占挪用。失业保险金主要应通过银行进行社会化发放，也可由失业人员到社会保险经办机构直接领取。

3. 社会保险基金支出预算执行的账户

社会保险基金支出预算执行主要通过支出户和财政专户反映，该类账户用于归集社会保险基金预算支出。

（1）社会保险基金支出户。社会保险基金的支出户和前文论述的收入户是相辅相成的两个账户，这两个账户同时产生并且同时完善和改进。社会保险基金支出户也是20世纪90年代初为办理养老保险而设立的，目前主要执行1998年颁布的《企业职工基本养老保险基金实行收支两条线管的规定》和1999年颁布的《社会保险基金财务制度》中关于社会保险基金支出户的有关规定。

支出户最主要用途是：首先接收来自财政专户划拨的社会保险基金，并将各项保险基金拨付到下级经办机构，或通过社会化发放，支付参保人的养老、医疗等各项社会保险待遇。其次，支出户负责上解上级保险经办机构的社会保险基金和下拨下级保险经办机构的社会保险基金。最后，支出户还负责暂存社会保险基金支付费用和利息，并在规定时限内将社会保险基金产生的利息缴入财政专户。顾名思义，支出户的首要职责就是支出各项社会保险基金，所以除了接受财政专户拨付的各项社会保险基金和支出户内基金产生的利息以外，支出户不能再发生其他收入业务。

（2）财政专户。在社会保险基金支出预算执行方面，财政专户也具有一定的职责。为了对财政专户有一个完整的表述，本文已在"（二）社会保险基金收入预算执行"中对财政专户的历史沿革、有关政策和主要用途做了阐述，此处就不再赘述。在支出执行的环节，财政部门要根据人社部门及其经办机构的用款计划，将社会保险基金拨付至保险经办机构的支出户中。

4. 社会保险基金预算执行分析

预算执行分析是预算管理的重要环节，也是财政部门部署各项工作的前提。社会保险基金预算的执行分析，要求按月对收支进展情况及运行中的主要问题进行定性、定量分析，其突出的特点是数据齐全、准确、及时、分析全面、翔实、科学。分析部门需要采取定量和定性相结合的方法，分析社会保险基金收支情况，总结运行过程中暴露的问题，从而提高社会保险基金预算执行的科学性和计划性。

（1）社会保险基金预算执行分析的要求。要站在全局的高度分析预算执行。分析社会保险基金预算执行必须先从经济运行和社会发展的全局着眼，分析国家政策以及国家大事，提前预测这些外在因素可能会对社会保险基金产生的影响，如养老金提标、重大医疗防治等。

从热点、难点的角度分析预算执行。及时发现问题，深入分析问题，准确找出社会保险基金运行中的不足。社会保险基金预算的执行分析不可能面面俱到，也没有必要进行全面分析，需要把握分析重点，侧重对社会保险基金运行的热点、难点问题进行分析。

要制定有效的改善措施。针对社会保险基金预算执行中已经出现或可能出现的问题，要提出有效解决问题的办法，这是做好执行分析工作的关键。在建议和措施部分，不但要提出财政部门的改进措施，而且要从全局角度出发，提出政府和人社等部门改进的建议和措施。

（2）社会保险基金预算执行分析的编写方法。准确编制报表。准确的报表是预算执行分析的基础。只有财务和业务部门扎实做好社会保险基金预算会计、统计的基础工作，在制定预算执行情况表以及收支月报表时，才能确保社会保险基金预算执行分析的准确性。

加强预算收支动态分析。分析部门要按照不同级次、险种统计社会保险基金收支，做到收支预算的动态管理。同时还要增强不同部门之间的联系，了解更多的信息，尤其是要充分了解养老基金、医疗保险基金的发放补偿情况，准确掌握发放信息，并要分析社会保险基金收入和支出的变动情况。

充分利用多种形式和方法进行分析。每月、季、半年和年终都要对社会保险基金的预算执行情况进行定期分析。对出现的一些重大问题要进行专题分析。在月报、季报和年报中，根据不同级次和险种，全面分析中央、省、市、县在内的社会保险基金的收入和支出。在预算执行分析中，既要定性分析，也要定量分析，必须将这两种分析方法结合起来，分析主要收支项目增减变化的情况。

二、规范社会保险基金预算调整

无论编制方法如何科学，编制项目如何详细，社会保险基金预算仍然属于人们的主观范畴。由于客观世界处在不断的变化之中，任何预算在执行中都会遇到偏差。由于社会保险基金预算至少为年度预算，在长达一年的时间里，必然会发生许多意想不到的情形，如果实际情形与年初预算相差比较大，对社会保险基金预算收入或待遇发放造成巨大影响，那么就必须对年初预算作出相应调整。社会保险基金预算执行中的调整机制，不仅具有托底和补充性质，也是预算体系中不可缺少的组成部分。因此，预算调整是实现社会保险基金预算平衡的一个重要手段。

（一）社会保险基金预算调整的前提

一般情况下要严格限制预算调整的额度和项目，避免法定预算被频繁调整。如果确实需要调整社会保险基金预算，在我国新修订的《预算法》和《国务院关于试行社会保险基金预算的意见》中，也都作出了相应的规定。如果社会保险基金预算支出调整的幅度较大，出现了下列三种情况之一：一是影响了支出总额；二是调减了社会保险基金预算的重点支出；三是动用了预算稳定调节基金，那么就可以制订预算调整方案，并报请本级人大审查和批准。假如遇到了重大疫情，医疗保险基金支出突然增加，并调入了预算稳定调节基金用来补充医疗保险基金，就需要编制医疗保险基金预算的调整方案，并报请本级人大批准。

（二）社会保险基金预算调整的程序

我国《预算法》规定，各级政府对于必须进行的预算调整，应当编制预算调整方案。

对于中央预算的调整，首先应当向全国人民代表大会常务委员会提出申请，由全国人大及其常委会对其进行审核，县级以上包括县级在内的政府预算调整方案需要同级人大及其常委会进行审核，批准之后才能进行调整。

从《预算法》的规定可以看出，预算调整需要立法机关的批准，但在《国务院关于试行社会保险基金预算的意见》中，却只要求报本级政府批准即可。由于《意见》目前是我国社会保险基金预算编制的最重要的依据，因此在实际工作中，各级政府往往只按照《意见》的规定执行，这将有可能导致社会保险基金预算调整方案在程序上不合法。

在具体程序上，社会保险基金预算调整首先由当地社会保险经办机构制定方案，由人力资源和社会保障部门对调整方案进行汇总，并交由财政部门审核。之后，人力资源和社会保障部门联同财政部门将调整方案上报给同级人民政府。如果税务机关负责征收社会保险费用，那么应由税务机关和社会保险经办机构共同提出预算收入的调整方案。各级政府应该在本级人大及其常委会召开30日之前,将调整方案提交人大财经委员会或有关工作机构进行初步审查。最终的社会保险基金预算调整方案要由本级人大及其常委会进行审查和批准。

(三) 社会保险基金预算的调整方法

社会保险基金预算的调整方法主要包括以下几种:

一是全面调整。在社会保险基金预算执行中,如遇到对原定社会发展计划作出较大调整时,需要对社会保险基金预算进行全面调整。

二是局部调整。具体包括追加、追减和科目间调整等。追加预算是指在原核定的社会保险基金预算总额之外,增加预算收入或支出数额。追减预算是指减少社会保险基金预算收入或支出数额。

三是调整方案。调整方案一般应由表格和文字说明两部分构成。表格部分应包括社会保险基金收入预算变更表和社会保险基金支出预算变更表。文字说明部分应包括调整原因、调整的内容以及新的预算平衡方案。

预算实际执行过程中,根据与实际情形的差别程度,选择不同的调整方案,对预算进行修正,满足社会保险基金管理的需要。

三、提高社会保险基金决算水平

社会保险基金决算作为政府决算的组成部分,是按照法定程序编制,能够反映社会保险基金预算执行情况的会计报告,其决算与预算的异质性或差异性,能够在一定程度上反映预算编制及执行过程中的一些问题,是这些环节的综合反映。

(一) 社会保险基金决算的编制

社会保险基金决算作为政府决算的组成部分,由决算报表和文字说明两部分构成。决算报表主要反映社会保险基金收支情况和结余情况,包括资产负债表、社会保险基金收支表和有关附表。

1. 社会保险基金决算的重要意义

社会保险基金预算经过法定程序批准后,即进入执行阶段。由于实际支出存在多重变数,社会保险基金预算的执行不会同预算完全一致。社会保险基金预算执行究竟如何,是否完成收支计划,收支是否平衡,社会保险基金预算执行过程中存在哪些问题,社会保险基金预算编制是否科学、合理,只有通过基金决算才能准确反映出来。因此,社会保险基金预算具有非常重要的意义。

第一,社会保险基金决算为国家制定社会保险政策提供了重要依据。在出台社会保险政策时,要参考历年社会保险基金决算数据,从基金收入、支出和结余的角度,分析研究提高待遇或降低缴费标准的可行性,为决策机关制定社会保障政策提供重要依据。

第二,社会保险基金决算反映了预算执行的结果。决算处于整个预算管理的最末环节,反映着预算执行的最后结果和实际数据。社会保险基金决算的收入反映了年度收入的实际规模、资金来源等情况;决算支出反映了实际规模、支出方向和支出结构等情况。社会保险基金决算在一定程度上体现了社会保障事业发展的规模与速度,同时也反映了社会保险基金总供给和总需求的对比状况。

第三,社会保险基金决算是改进预算的重要基础。社会保险基金决算可以系统地整理和反映预算执行的实际数字,并对预算编制、执行、平衡等方面进行分析,总结经验教训,提出改进意见和措施,为提高下一年社会保险基金预算编制奠定坚实的基础。

第四,社会保险基金决算是公开透明的一种手段。社会保险基金是国家公民缴纳的养老、医疗等资金,所以每个缴费的公民都对社会保险基金筹集、使用、增值等情况拥有知情权。国家每年都应该在国家重要媒体上公告决算数据,向人民披露有关社保基金的信息。

2. 社会保险基金决算编制的原则

编制社会保险基金决算要遵循《预算法》制定的原则,做到数额准确、内容完整和报送及时。数额准确,就是要将已发生的社会保险基金收支都要如实列入决算,不能以估代编;内容完整,就是要按照上级规定的社会保险基金决算编报要求,认真填报齐全,不能擅自取舍和遗漏;及时报送,就是各地区、各部门要把握社会保险基金决算工作进度,按照规定的时间及时报送上级部门汇总审核。

3. 社会保险基金决算编制的要求

各级人力资源和社会保障部门、财政部门、社会保险经办机构、卫生部门、税务部门都要严格执行法律法规,认真填报各项社会保险基金。负责编制社会保险基金决算各有关部门需要统筹安排、认真组织、合理调配,充分发挥自身职能,严格审核数据资料,确保正确之后才能将数据编入社会保险基金决算。

4. 社会保险基金决算编制的范围

社会保险基金决算编制范围包括目前所有的社会保险基金险种。近几年,我国社会保险基金发展迅速,由1999年的企业职工基本养老保险基金、失业保险基金和城镇职工基本医疗保险基金3种社会保险基金发展到2014年的9种社会保险基金,其中包括3种养老保险基金、3种医疗保险基金,以及失业保险基金、工伤保险基金和生育保险基金。由于我国2015年将城镇居民社会养老保险基金和新型农村社会养老保险基金合并实施,因此将来只需编制城乡居民养老保险基金决算。2015年我国开始建立机关事业单位养老保险基金,还需增加该项基金的决算。因此,今后若干年,我国社会保险基金决算应该涵盖5大保险的8个险种的社会保险基金。

5. 社会保险基金决算编制的环节

编制社会保险基金决算时,主要包括决算布置、决算编制(表格、决算说明书)两大环节。

(1)决算布置。在社会保险基金预算编制前,为提高决算编制质量,保证全国决算数字口径统一,需要召开社会保险基金决算布置会,提出编制本年度基金决算的基本要求和具体办法,下发基金决算的指导性文件,并逐级补充相关内容。

社会保险基金决算布置的资料包括基本要求、基金决算编制说明、基金决算编制流程、基金决算软件系统和有关财务会计制度。

(2)决算编制。

第一,设置科学的决算报表体系。完整的决算报表应包括资产负债表、收支表和有关附表,各种报表要含有动态和静态指标,用以考核社会保险基金预算的执行情况。

资产负债表。社会保险基金资产负债表主要反映基本养老保险基金、基本医疗保险基金、生育保险基金、工伤保险基金和失业保险基金的资产和负债。资产应包括现金、支出户存款、财政专户存款、委托运营基金、债券投资等;负债应包括临时借款、暂收款等。资产负债表根据"资产=负债+基金"等式,按照分类标准和次序,反映社会保险基金的财务状况。资产负债表要能反映社会保险基金所形成资产的分布、结构和资产的变现能力;社会保险基金承担的债务情况及其偿还能力;社会保险基金的规模大小和支付能力;社会保险基金结构的变动情况及变动趋势。

收支表。收支表主要包括养老保险基金收支表、医疗保险基金收支表,另外还包括工伤保险基金收支表、失业保险基金收支表和生育保险基金收支表，并可按实际养老、医疗保险项目的实际情况，划分更细的项目收支表，如企业基本养老、城乡居民养老、居民医保、新农合等收支表。收支表要反映社会保险基金的收入来源和支出去向。通过收支表可以掌握基金的动态情况，同时可结合附表所反映的数据，了解有关参保单位缴纳基金的情况。收支表是考核基金预算执行的主要依据。收支表主要包括保费收入、利息收入、财政补贴收入、转移收入、养老金支出、医疗补助支出、丧葬补助支出等。

有关附表。有关附表要反映机关事业单位员工、企业员工、无工作的城镇居民、农村居民等参加社会保险的基本情况。附表要包括收支情况分析表和往来账目明细表。附表中既可以反映各级财政补助水平，也可以反映离退休人数、缴费基数、做实个人账户和居民医保、新农合、养老补贴标准等情况。

第二，提交完整的决算说明书。决算说明书是指社会保险基金收支运行分析和总结的书面文字报告。社会保险经办机构在报送财务报表时，必须附送决算说明书。决算说明书要全面分析社会保险基金财务收支和运行情况，工作成绩和存在问题，以及改进工作的意见和建议。决算说明中可采用因素分析法、结构分析法、比较分析法等方法。所以，决算说明书是了解和考核社会保险基金运行情况的重要资料，主要应包括以下内容：

社会保险基金的运行情况。通过对基金收支运行情况的分析，发现基金收支运行过程中存在的问题及原因，提出改进措施。如通过分析参保人数扩面、缴费基数扩大、财政补助提高、断保等情况，得出基金增加或减少的原因。

社会保险基金结余实现情况。通过基金结余反映基金管理水平，并要与上年同期指标相比，分析产生差异的原因，并要提出相应的改进措施。对结余中有关项目余额的比例进行分析，看其是否符合基金运行规律和国家规定的结余范围。

社会保险基金增减变化情况。通过对资产负债表、收支表、有关财务报表以及基金结余率、收缴率等指标分析，反映社会保险基金增减变动及其原因，正确评价基金运行过程中增减变动是否符合客观规律。

本期或下期财务状况发生或可能发生重大影响的事项。通过对社会保险基金收支余进行比较分析，判断重大事件可能造成的影响，从而把握未来发展趋势，为科学预测和决策提供可靠依据。

社会保险基金暂收款项等情况。分析负债情况和偿债能力，确保债务能够及时偿还。

总结内容。决算说明书还要总结一年来社会保险基金收入和支出方面的主要经验和存在问题，并提出改进的建议和措施。

(二) 社会保险基金决算审核批准

1. 社会保险基金决算草案的审核

经办机构编制社会保险基金决算草案后，财政、人社部门要从完整性、真实性和及时性三方面对决算草案进行审核。具体需要审核内容包括社会保险基金是否按政策征缴和支出；决算报表间勾稽关系是否合理；本年社会保险基金收入和支出是否编入决算；社会保险基金决算收入、支出和结余是否符合正常规律；社会保险基金决算收入和支出是否按规定转入结余等。

2. 社会保险基金决算草案的批准

社会保险基金决算草案批准要符合现行政策规定和程序，按照分级管理的原则层层上报汇总，最后要由立法机关审查批准。

统筹地区社会保险基金决算草案由财政部门、人力资源和社会保障部门、卫生部门联合报同级人民政府审批。根据统筹地区人大的要求，统筹地区人民政府再提请同级人大及其常委会审查批准。

省级财政部门、人力资源和社会保障部门、卫生行政部门将本省社会保险基金决算草案报省级人民政府审批后，省级人民政府也要提请省人大及其常委会审查批准。

省级社会保险基金决算经财政部审核后，由财政部、人力资源社会保障部、国家卫生计生委联合上报国务院和全国人大，由全国人大审核批准。当各级人大审核批准社会保险基金决算草案后，由本级财政部门批复决算和备案。

第二节　建立健全社会保险基金预算管理配套体系

健全社会保险基金预算管理的配套体系是完善社会保险制度重要内容。社会保险基金预算管理配套体系包括理论研究、法律法规、监管体系、绩效管理和基础性建设等。

通过加强社会保险基金预算管理配套体系建设，能够提高社会保险基金预算编制的准确性和有效性，使社会保险基金的运行更加安全和平稳。

第四章 社会保险基金预算管理的有效路径

一、加强社会保险基金预算管理理论研究

社会保险基金预算管理理论需要阐明社会保险基金预算的本质和内涵，同时也要解释"为什么要编制社会保险基金预算，怎么编制社会保险基金预算"。在理论研究方面，要充分吸收国内外社会保险基金预算管理理论的研究成果，加强对政治学、经济学、管理学、法学、政府预算等理论的交叉研究，完善我国社会保险基金预算管理改革的理论研究，梳理社会保险基金预算管理的理论渊源和流派，归纳出社会保险基金预算管理的理论依据和分析框架，为社会保险基金预算管理发展奠定坚实的理论基础。

（一）社会保险基金预算管理的基础理论研究

1. 基于政治学角度的研究

社会保险基金预算具有公共资源再分配的性质，属于国家政治行为。因此，社会保险基金预算管理理论可从政治决策和政治选择的角度深入研究，完善社会保险基金预算管理的理论框架。

一是要研究社会保险基金预算产生的政治原因。学者可以从控制政府不当征费或随意支出的角度出发，解释社会保险基金预算产生的原因。还应当研究社会保险基金预算通过控制个人、公司和政府的活动，如何规范社会保险基金的筹集和发放。

二是要研究社会保险基金预算如何在政治决策中筹集资金。研究如何发现社会公共利益，并通过一定的政治程序，合理筹集资金，并将其编入社会保险基金预算。三是要研究社会保险基金预算确认过程。需要研究社会保险基金预算如何提交代议机构，提交后又该如何通过辩论、听证、投票、批准、执行、审计、公布等程序，最终达成各方的利益共识。还要研究提出代议过程中应该设置哪些政治程序和法律程序，以保证社会保险基金预算的公平性和合理性。四是要研究社会保险基金预算同社会保障制度之间的关系。研究社会保险基金预算管理属于社会保障制度的哪一部分，处于什么地位，在社会保障制度中起到了怎样的作用。

2. 基于法学角度研究

社会保险基金预算既是各项社会保险基金的收支计划，也是具有法律效力的文件。因此要从法律的角度研究社会保险基金预算管理。一是要研究社会保险基金预算管理形成的法律程序。如国家立法机关应当如何规范社会保险基金预算的编制，又该如何规范基金预算的执行和调整。二是要研究社会保险基金预算在法律方面的权利和义务。要研究社会保险基金预

算各参与方应当承担什么样的法律责任，如果个人、公司没有尽到缴费义务该如何处理，国家在法律上是否要承担最后责任。三是要研究社会保险基金预算管理的法律本质。要研究参保人在法律上是否属于委托方，是谁对政府进行了授权，立法机关又如何接受公众的委托，政府是否应当接受立法机关和公众的监督，应采取什么方式接受监督和制约。

3. 基于经济学角度研究

社会保险基金预算是对未来经济资源进行筹集和分配的一种工具。社会保险基金预算是政府提供的一种公共物品，而公众所缴纳的各项保险基金则是这项公共物品或服务的价格，因此要从经济学的角度进行研究。

一是要研究社会保险基金预算的收入。社会保险基金预算收入一般包括个人缴费、公司缴费、国家补贴等来源渠道。而国家补贴又来源于税收或者国有资本收益。从经济学的角度，应当研究如何将社会上的资金集中起来，并将其纳入国家财政预算的管理范围。

二是要研究社会保险基金预算的支出。社会保险基金预算支出范围的涉及面较宽，一般是某种特定人群，有时还是全体社会成员。因此无论是养老保险基金还是医疗保险基金，其支出相当于对全社会进行资源分配。还需要研究如何公平合理地在各种人群之间分配资金，社会保障水平既不能太高，也不能过低。待遇水平太高会导致"养懒人"，同时基金恐怕也难以长期稳定运行，待遇过低会导致达不到社会保障初衷，还会形成结余，造成资金浪费。要完善待遇调整理论，研究自动调节机制，使养老金、医药费等保障待遇能够适应每个时期的基本保障要求。

三是要研究社会保险基金预算管理对全社会经济的影响。社会保险基金预算如果达到较大规模，还需研究其对经济产生的正面影响和负面影响，以及如何利用社会保险基金预算来稳定和调节国家经济。社会保险基金结余可以用来投资，因此还需要研究社会保险基金投入资本市场，会对经济带来哪些影响，其风险又该如何规避。

四是研究社会保险基金预算管理的公共经济学理论基础。要研究公共经济学理论作为社会保险基金预算管理理论的逻辑起点，如何通过公共物品、公共选择等理论来支撑社会保险基金预算管理理论。

五是要研究社会保险基金预算同财政预算的关系。需要研究社会保险基金预算的经济属性，厘清其与财政预算是从属关系还是平行关系，二者之间是否有相互交叉重叠的内容。

六是要研究社会保险基金预算管理的成本和收益。根据经济学成本收

第四章　社会保险基金预算管理的有效路径

益理论，可以建立社会保险基金的成本收益分析框架，结合绩效评价，分析社会保险基金预算管理的成本收益、投入产出等情况。

4. 基于管理学角度研究

社会保险基金预算管理是政府预算管理的一部分。从管理学角度，要研究社会保险基金预算的管理主体、管理对象、管理目标、管理范围和管理流程。

一是要研究社会保险基金预算的管理主体。要研究社会保险基金预算的立法主体、决策主体和执行主体。具体讲也就是要研究人大、政府、财政部门、人社部门的权力和责任，以及这些主体之间是什么关系。

二是要研究社会保险基金预算的管理对象。既要研究社会保险基金预算政策的制定，也要研究预算编制的指标体系、收支结构、收支范围和收支规模，以及基金预算的人员配置、信息系统等。

三是要研究社会保险基金预算管理的目标。要研究社会保险基金预算管理目标是什么、如何同资源配置、收入分配和稳定经济等目标紧密相连，成为一个有机整体。

四是要研究社会保险基金预算的管理流程。要按照管理流程的顺序，研究社会保险基金预算管理的规划决策、预算编制、审查批准、预算执行、预算调整、决算、审计和评价。还要研究如何使监督和控制贯穿于整个社会保险基金预算的管理流程。

（二）社会保险基金预算管理的改革理论研究

我国正处于社会保险基金预算初建时期，各项社会保险基金还在不断整合和调整，所以社会保险基金预算管理理论研究必须适应改革的需要，为每一项具体改革提供理论背景和指导。

1. 研究能否建立全国统筹的社会保险基金预算管理体系

目前除养老保险基金预算大部分为省级统筹以外，其余各险种的社会保险基金预算多为市级或县级统筹。这就带来了相关问题，是否有必要建立全国统筹的社会保险基金预算。如何建立一个全国统筹的社会保险基金预算。建立时机应该以什么为标志，又应该分哪几步实施。

2. 研究社会保险基金预算的范围

社会保险基金预算应该包哪些内容，理论界一直众说纷纭。有的认为只包括养老、医疗、工伤、失业、生育保险基金预算,有的认为应该增加住房公积金、残疾人就业保障金、彩票公益金等专项基金预算,还有的认为应将公共财政中的低保资金、救灾资金等也纳入社会保险基金预算的范围。

因此,还需要明确社会保险基金预算管理的范围,便于学者和实际工作者进行交流和探讨。目前商业保险也参与到新型农村合作医疗基金和城镇居民医疗保险基金之中,所以还需在理论上明确商业保险基金和社会保险基金的区别和联系,厘清商业保险在社会保险基金预算中的适用范围。另外,还需研究失业保险基金预算的覆盖范围,失业保险基金只覆盖了城镇失业人员,还需要研究界定失业人员的边界,使这项保险基金预算能够覆盖全体国民。

3. 研究个人、企业和政府在社会保险基金预算管理中的责任

明确各方责任是编制社会保险基金预算的前提,所以应该明确个人应该缴纳哪些费用,企业应缴纳多高的社会保险费率比较合理,企业缴纳的社会保险费应提取什么样的比例进入统筹基金,政府需要在哪些方面补助社会保险基金预算,又应该在哪些方面承担托底责任。在明确各方责任的基础上,在理论上阐明社会保险基金预算同政府预算的区别和联系。

4. 研究社会保险基金预算征缴的税费之争

在理论界应该充分研究和探讨社会保险税和社会保险费的问题。由于我国在实际工作中存在社会保险经办机构征收和税务征收两种情况,导致理论上对此各执一词,既有赞同税务征收的,也有赞同社会保险经办机构征收的,因此需要理论界首先明确哪种方式更适用于我国现状,以便形成共识,推进社会保险基金筹集方面的改革。

5. 研究农民的社会保险基金预算管理

由于我国长期实行城乡二元制,城镇化带来大量农民工劳动力转移的问题,再考虑到农民土地承包权具有土地保障的功能,因此农民的社会保险基金预算管理比较复杂。在理论上应探讨农民的社会保险基金预算管理的覆盖范围、保障标准和资金来源等问题,从而推动农民社会保险基金预算管理的改革。

6. 研究交叉学科在社会保险基金预算管理中的应用

应该将经济学、政治学、财政学、管理学、法学、保险学、精算学等学科的知识和方法同社会保险基金预算管理研究相结合,进行多学科合作

和跨学科研究，使社会保险基金预算管理在理论研究方面有所创新。比如在会计学方面，需研究社会保险基金预算的会计核算基础。目前社会保险基金预算中的大多数险种采用收付实现制作为核算和统计的基础，但是也有的险种采用权责发生制进行会计核算，因此还需从会计学的角度，研究是否有必要统一社会保险基金预算各险种的核算基础，又该如何统一其核算基础。

二、完善社会保险基金预算的监管体系

近年来，我国社会保险基金预算规模以较高的速度逐年增长。社会保险基金险种由仅有企业职工养老保险等3个险种，扩大为包括覆盖城乡在内的8个险种。随着社会保险基金预算规模扩大和险种增加，对社会保险基金预算监管也提出了更高的要求。在我国，社会保险基金预算的收支、管理和投资是由各级人大常务委员会、财政部门、审计部门、社会保险行政部门和社会保险监督委员会负责监督检查。虽然我国成立了基金监督的专门行政机构，但是由于社会保险基金预算管理不完善，投资运营主体行政化，没有从根本上杜绝社会保险基金被挪用、滥用等现象，有些地方仍存在挪用和违规投资的现象，同时，还存在虚报缴费基数、冒领养老金、违规提前退休、重复享受待遇，以及医院、药店套取医保基金等现象。

我国自1998年劳动保障部成立基金监督司以来，各地陆续建立了专门的社会保险基金监督行政机构，但是社会保险基金在征缴、发放、投资等方面存在着诸多环节，需要在分权式管理和相互制衡式监督的模式下，防范违法违规行为。借鉴国际经验，我国应构建由内部监督、外部监督和社会监督构成的"三位一体"涵盖社保基金运行全过程、立体式的监管体系。

（一）内部监督体系

社会保险基金预算管理的内部监管体系应由财政部门、人社部门及其保险经办机构、卫生部门和税务部门组成。这些部门在社会保险基金预算管理的过程中，有的直接负责编制预算，有的负责汇总审核，还有的承担预算执行的职责。因此，首先各部门要及时自查，其次也可联合起来进行定期的专项监督检查。在内部监督的过程中，不同的部门分别有各自的侧重点。

第一，财政部门主要负责监督社会保险基金的财务管理工作。财政部门主要监督社会保险基金预算是否符合财务法律法规，对上报的社会保险基金预算及执行情况要依法审核和分析，检查社会保险基金是否纳入财政

专户，监督社会保险基金预算结余、调整和决算审核等，对发现违法违规的问题要及时纠正。

第二，人社部门及其保险经办机构主要负责监督社会保险基金的运行过程。作为业务主管部门，人社部门及其保险经办机构要采取部、省、市、县联动的方式，开展社会保险基金专项检查，推广社会保险基金监管软件，充分利用网络监管，增强社会保险基金预算数据分析能力，建立社会保险基金预算内部监管评估指标体系，根据内控制度加强自我约束，做到财务、业务、审计相分离，健全社会保险基金预算的内部监督机制。

第三，税务部门主要负责监督社会保险基金征缴。在税务征收的地区，地税部门要及时了解征缴情况，监督是否按照确定的基数、费率等实施征收，是否及时缴入财政专户，确保社会保险基金税务征缴工作有章可循、规范操作。

第四，卫生部门主要负责新农合基金预算的监督。要建立健全新农合稽查制度，规范设置新农合经办机构的审核、复核、稽查等岗位，会计、出纳、审核不得互相兼任，对病历和票据的真实性、一致性、合理性进行综合审核并定期复核，防止工作人员擅自扩大报销范围或虚列支出。

（二）外部监督体系

社会保险基金预算管理的外部监管体系应由各级人民代表大会、审计监督部门组成。

一要发挥各级人民代表大会的作用。只有当社会保险基金预算提交各级人大审议，才能改变政府内部监督的局面，使社会保险基金预算管理更加规范化和科学化。各级人大要建立健全社保基金督查机制，将社会保险基金预算的监督管理作为一项重点工作，采取专项检查、听证会等措施，对社会保险基金进行常态化监督，按时向社会公开社会保险基金预算和投资运营等情况。在我国，有的省份已经开始尝试人大审议，取得了很好的效果。

二要发挥审计署特派办、财监办、本级审计部门的审计作用。这些部门具有法定的审计监管职责，能够对社会保险基金预算进行严格和深入的审计监督。审计署特派办、财监办和本级审计部门都为专业审计机构，人员素质相对较高，因此不但要对社会保险基金的真实性、合规性进行审计，还要对其管理效益进行审计。除了审查社会保险基金的挤占挪用、漏缴、违规使用资金等情况，也要关注社会保险基金预算管理制度是否健全，管理方法是否科学,从而加强社会保险基金预算社会效益方面的审计。

(三) 社会监督体系

社会保险基金预算管理的社会监督包括参保人员监督、参保企业监督、社会组织监督和舆论监督等多种形式。社会监督既没有人大、部门监督的权威性,也没有审计监督专业性,但它具备了社会保险基金预算监督的社会性。如美国政府利用电视、广播、网络和报刊等多种媒介,使美国公民及时了解社会保险基金的收入、支出、结余和投资运营等情况,从而便于社会舆论对社会保险基金预算进行监督。

首先,社会保险基金预算公开透明是社会监督的前提。只有将权力置于阳光下运行,才能保障公民的知情权和监督权,使社会保险基金预算安全运行。社会保险基金预算公开,不仅体现在预算报表要公开,也要进行程序公开,在预算编制、执行、预决算报告等环节。应当建立社会保障基金监管公示制度,通过媒体将社会保险基金预算全方位、全过程公开,自觉接受社会监督,不断提高社会保险基金预算的监管水平。

其次,畅通社会保险基金预算监督渠道是社会监督的关键。社会监督需要参保人员、参保企业、社会组织的广泛参与。它要求社会公众不但能够及时获知社会保险基金预算有关数据,而且能通过合理畅通的渠道,将意见反馈回有关部门,从而对社会保险基金预算的政策产生影响,形成有效的社会监督体系。

三、夯实社会保险基金预算管理工作基础

(一) 加强信息系统建设

信息系统是社会保险基金预算管理的工作基础。从宏观上看,信息系统要服务于全社会的医疗、养老、生育、工伤和失业保险基金;从微观上看,每一名参保人员的工作记录,乃至疾病、死亡都要纳入其保险数据库。社会保险机构的信息管理是一项非常繁杂的工程,只有利用现代化的大数据等先进技术,才能构建现代化的社会保险基金信息管理系统。社会保险基金信息管理系统应该包括用户管理系统、管理者系统、信息披露系统、网上服务系统和信息反馈系统。通过这些系统,用户和管理者可通过用户名及口令进行政策查询、基金账户缴费、余额查询、在线咨询、基金风险评价和预警、财务报表分析、用户反馈,以及社会保险基金会计报告、统计公报、统计年鉴的发布和披露。

第一，整体开发社会保险信息系统。从提高统筹层次的角度出发，需要整体开发信息系统，大力推进管理系统的"一体化"建设，将每个人的养老、医疗、工伤、生育和失业保险信息集合在一张社会保障卡之中，便于每个公民了解和掌握自己的各项保险情况。

第二，加强社会保险基金数据管理。《社会保险法》第五十八条规定"国家建立全国统一的个人社会保障号码"，这就为标准化社会保障卡的制作和发行提供了法律依据。通过社会保障卡，可将社会保险五个险种的历史数据管理进行迁移转换和整合比对，形成社会保险数据库管理系统全覆盖。

第三，构建网上社会保险管理平台。要充分利用现代化网络系统，申报个人社保信息资料，网上办理社保信息的查询、信息反馈等业务，并且在网上能够进行社会保险基金预决算的编制和会审。

第四，确保信息安全。使用信息系统时，要记录和保存业务流程，杜绝经办人员的违规操作，确保业务有据可查，提高社会保险信息的安全系数。

总之，公共信息服务是社保信息化建设的工作重点，也是提高社会化管理的需要。社会保险经办机构必须打破传统的模式，变纸媒为无纸化办公、互联网办公、异地联网、网上视频会议等，实现办公模式现代化，提高社会保险基金预算的管理水平。

（二）提高社会保险基金的精算水平

社会保险精算原理同商业保险精算基本一致，都建立在对风险和损失进行客观分析的基础上。为了对发生的概率、分布和预期收入，以及费用情况进行科学合理的估计，要建立长期社会保险基金预算的精算模型。延迟退休年龄和实行弹性退休制度是缓解养老金支付压力的重要手段。通过精算模型，可以预测长期社会保险基金预算的收入和支出，从而合理确定退休年龄，科学制定退休政策。必须要将精算工作规范化、制度化，推进以精算为基础的数据提供、统计分析、监测预警、预测分析、风险评估等宏观决策系统的建设，提高社会保险基金预算管理水平。

（三）加强社会保险基金预算管理人才的培养

熟悉社会保险基金业务的专业人才是基金预算编制的基础保证。尤其在财务管理方面，预算编制人员往往存在着重核算、轻监督、轻管理的思想。如果要提高社会保险基金预算编制水平，首先要提高社会保险基金管理人员的专业水平，拓宽管理部门的选人渠道，将有预算管理经验的人员充实到重要岗位。

一是要重视培训工作。要加强基层社会保险基金预算编制队伍建设和业务培训，提高预算编制人员的业务素质。多层次开展编制、执行、分析等方面的讲座、培训和交流活动，加强对新的预算管理培训，提高基金预算编制人员的分析能力。

二是要积极引进各类高素质人才。利用公务员招考等方式，补充社会保险基金专业人才，提高社会保险基金管理的专业化程度。

三是要建立社会保险基金预算管理专家库。建立社会保险基金预算管理专家库，定期组织各类专家研讨，分析社保基金运行情况，建立社会保险基金预算管理数据模型，发挥社会保险基金专家的智囊作用，促进社会保险基金预算管理的规范化和专业化。

（四）规范社会保险基金的银行账户管理

随着社会保障制度改革的不断深化，在银行账户管理方面，各地也出现了不少问题，如未及时办理年检、开户手续不完备或开户资料不全、账户开户资料中无单位法人代表授权书、没有预留法定代表人身份证、缺少开户申请书、无印鉴卡信息等问题，因此还需要制定实施细则，加强社会保险基金银行账户的监督管理。

要加强账户关键环节的管理。财政专户、收入户和支出户在同一国有商业银行只能各开设一个账户。凡由税务机关负责社会保险费征收的地区，税务机关以及经办社会保险的专门机构都不许设置包括待解户、收入户在内的各种过渡性账户，社会保险费也要及时缴财政专户。支出户、收入户以及财政专户严禁坐支。各金融机构也要对账户管理负有一定责任，在办理有关社会保险基金业务的时候，要履行规定的程序，提供详细资料，确保信息真实。重点监控社会保险基金账户的印鉴预留、变更、核对、挂失、交接、保管等环节。规范对账行为，实行对账独立、岗位分离、双线核对的工作流程，对于异动户和大额资金汇划户，做到审核、对账、回执三清。各级保险管理中心、银行和财政部门要进行对账，确保花名册、发票、人数、钱数核对无误，确保账账相符、账实相符。

（五）明确优惠利率的计息办法

现行社会保险基金的优惠利率仍存在一些问题，政府主管部门还需要明确各险种的计息办法，出台实施细则。

1. **优惠利率要扩大覆盖面**

生育保险基金、工伤保险基金和新农合基金等并未列入优惠利率的范围。虽然财政部、劳动保障部规定"存入收入户、支出户和财政专户中的社会保险基金，要按中国人民银行规定的优惠利率计息"，但中国人民银行除养老基金、新农保基金规定有具体的优惠利率外，其他险种则没有规定要执行优惠利率。因此，还要明确有关政策，将优惠利率覆盖到所有的社会保险基金。

2. 明确具体执行办法

在实际操作中，如何执行基本医疗保险基金的优惠利率，也存在着一定的困惑。有关规定将医保基金分为3种情况，分别是"当年筹集部分""上年结转部分"和"沉淀资金部分"。这3种性质的医保基金实际上是在一个账户之中，但是"当年筹集部分"是按活期利率计息，"上年结转部分"按三个月整存整取存款利率计息，"沉淀资金部分"按3年期零存整取利率计息。实际上，银行在收到每一笔资金时，很难在一个账户中区分出这3种不同性质的基金，更无法确认不同性质医保基金的计息期限，这就导致银行通常将全部医保基金按照活期计息。因此在这方面，银行同审计、财政等部门意见分歧较大，还需要财政部、人行等部门联合下文对"当年筹集部分""上年结转部分"和"沉淀资金部分"进行解释和说明，以便具体执行。

第三节 大力推进社会保险基金预算绩效管理

社会保险基金预算绩效管理是指通过设置绩效目标，利用绩效评价结果改进预算编制和执行，及时报告社会保险基金预算执行结果与预算目标符合程度的过程。社会保险基金预算绩效管理包括绩效计划、绩效实施、绩效评价、绩效反馈和结果运用等方面。

我国自2010年开始试行编制社会保险基金预算，2018年出台《关于全面实施预算绩效管理的意见》提出，力争用3~5年时间基本建成全方位、全过程、全覆盖的预算绩效管理体系。社会保险基金预算管理从无到有，再到步入改革深水区，每一步都体现了国家治理体系和治理能力现代化的内在要求，是深化财税体制改革、建立现代财政制度的重要内容，是优化财政资源配置、提升公共服务质量的关键举措。

一、推进社会保险基金预算绩效管理的重大意义

(一) 有利于提升公共服务质量

社会保险基金由医疗保险基金、养老保险基金、工伤保险基金、失业

保险基金及生育保险基金构成，是社会保险制度稳定运行的核心基础，与基本民生息息相关。近年来，随着新型工业化、信息化、城镇化、农业现代化同步发展，社会保险的覆盖率不断扩大，增加了社会保障基金的管理难度，尤其是在社会保险基金预算收入的筹资、预算支出的范围和效果、参保人员的满意度等方面存在管理不到位、绩效不理想等问题。预算绩效管理将绩效理念贯穿于预算编制、执行、监督各个环节，从根本上将满足社会公众需求作为社会保险基金管理的出发点，通过提升预算管理的效能，进一步提升公共服务水平，更好地顺应人民群众的期待，让他们可以享受到与经济发展水平相适应的公共服务，促进社会和谐稳定。

（二）有利于优化财政资源配置

社会保险基金预算不仅具有一般公共预算的公共属性，而且具有独特的市场属性（保值增值），基金的资源配置同时涉及社会效益和经济效益两方面。过去，我国主要是依靠座谈、调研、监督检查、考核等手段进行社会保险基金资源配置，配置效果不理想、不科学。社会保险基金预算绩效管理将基金收支政策效果、基金管理、精算平衡、地区结构、运行风险等内容纳入绩效管理，有效兼顾了社会保险基金预算的公共属性和市场属性，更全面、更科学地考虑了资源配置的问题。社会保险基金预算绩效管理本质是以问题为导向，以绩效评价为手段，将评价结果与改进管理和预算安排紧密地结合起来，对基金运行效率高的地方投入更多的资源，对基金运行效率差的地方减少资源投入，使有限的财政资金能够充分发挥最大的效益。

二、社会保险基金预算绩效管理的完善建议

（一）加强社会保险基金预算绩效信息披露

社会保险基金运行的直接目标不在于创造社会的物质财富，而在于追求自我平衡，保证社会保险基金预算的正常收支。因此，社会保险基金预算绩效评价信息披露的重点应该是如何加强基金预算管理，反映各项基金的来源与运用情况。

社会保险基金预算绩效要公开披露预算编制、执行和投资运行等报表。财政和人社部门应该在人大及其常委会批准之后，向社会公众主动披露社会保险基金收支状况、投资运营等信息，使每个公民都能及时获得社会保险基金预算的绩效信息。保险经办机构不但要向主管部门报送季报、年报，而且还要对公众定期公布。披露的内容要全面，可将社会保险基金资产负

债表、社会保险基金收支表、其他资料表和保险基金精算情况都向社会公开。我国也可以借鉴美国的方法，将精算结果和解决方案一并在报告中予以反映。

另外，为了保证信息及时、真实、可靠，还需要有社会保险基金预算绩效监督审计制度作为基础性的制度保障。我国对社会保险基金预算还未建立起有效的绩效审计制度，目前其绩效的监督审计主要依靠政府部门的常规审计。面对披露绩效信息的迫切要求，亟须建立全面的绩效审计制度，一是完善以行政监督为主的内部绩效审计，包括财政部门对预算、决算的绩效审计，人社部门及其经办机构对社会保险基金支出范围的绩效审计，税务部门对保费筹集的绩效审计，审计部门对违规违法行为的审计等。二要建立社会监督为主的外部绩效审计。还可以借鉴上市公司的外部独立审计，建立社会保险基金预算绩效评价的外部绩效审计机制，以满足各方面的需要。

（二）及时运用绩效评价结果

运用绩效评价结果是改善社会保险基金预算管理的重要手段之一。只有将评价结果运用到实际工作中，才能真正起到绩效评价的作用。社会保险基金预算的评价结果运用有多种渠道和方法。

一是运用于通报或社会公布。将社会保险基金预算评价结果向财政、人社、经办机构通报，同时向同级政府、人大汇报，并通过媒体、网络向社会公布。

二是运用于竞争性项目。通过绩效评价目标，选择成本最低、效益最高的途径和方法。如在社会保险基金投资运营时，面临存定期、买国债、存款期限和存款银行等选择，要根据以往绩效评价的结果和当前绩效评价的目标，选择回报率高、安全性好的投资方式和渠道。

三是运用于行政问责。将社会保险基金预算绩效评价的内容和结果，作为政府绩效评估体系中的一个环节，对评价结果与绩效目标严重背离的要行政问责，从而规范各部门行为，提高社会保险基金使用效益。

（三）厘清有关部门绩效职责

社会保险基金预算是由财政部门牵头，人力资源社会保障部门、税务部门、医保部门共同参与编制，部门之间职责分工各不相同。要做好社会保险基金预算绩效管理，中央应当出台统一的社会保险基金预算绩效管理制度，明确各部门预算绩效管理职责，对不同部门绩效目标的设定、绩效监控、绩效评价、评价结果应用的内容进一步具体细化，探索建立科学的社会保险基金预算绩效管理分工协作机制。

（四）健全全过程预算绩效管理体系

建立具有中国特色的社会保险基金事前绩效评估制度，在编制中期财政规划和年度预算前，对社会保险基金重大政策和项目预算开展事前绩效评估。

一是可以针对社会保险基金统筹制度调整开展事前绩效评估。类似城乡居民养老保险基金原实行县级统筹，要提高基金统筹层次，就必须做充分的事前绩效评估，全面考虑养老金地区差异、不同县区定期存款管理、缴费基数和参保人员变化情况、转移收支等因素，评估统筹制度调整的必要性、实施方案的可行性。

二是可以抓大放小，针对养老保险基金投资项目开展事前绩效评估。可以参照一般公共预算项目绩效管理模式，对一定金额以上或是重大的养老保险基金投资项目开展事前绩效评估等。

（五）构建社会保险基金预算绩效管理指标体系

从纵向来说，社会保险基金预算绩效管理指标体系应当根据社会保险基金的统筹层次确定它的适用范围，中央、省、市、县四级不同统筹层次应该设计不同的预算绩效管理指标，中央层次侧重于宏观性、总体性的绩效指标，省级和市级层次侧重于区域性的绩效指标，县级层次侧重于基础性的绩效指标。从横向来说，社会保险基金预算绩效管理指标可以从投入、产出、效益、满意度四个维度，围绕社会保险基金的公共属性和市场属性进行设置，投入、产出、满意度维度以公共属性指标为主，效益维度同时包含公共属性和市场属性指标。

（六）推进预算绩效管理信息化

一是参照财政部的扶贫资金动态监控系统模式，建立纵向连接中央、省、市、县四级，横向连接财政、人社、税务、医保四部门的预算绩效管理信息化系统，打破"信息孤岛"和"数据烟囱"。

二是结合社会保险基金的特点，在各个部门建立全过程预算绩效管理模块，包括事前绩效评估模块、预算绩效目标管理模块、预算执行绩效动态监控模块、预算绩效评价模块。

三是依托信息化系统，构建多维度、多层次的绩效大数据库，加大统计分析力度，持续挖掘数据背后的信息，为国家社会保障基金预算绩效管理提供强力支撑，为政府决策提供重要依据。

第五章 社会保险基金风险识别与分析

第一节 社会保险基金风险管理概述

一、社会保险基金风险管理的概念界定

社会保险基金作为社会财富矛盾的主要调节工具，已经成为世界各国经济社会体制中极其重要的一部分。在我国，社会保险基金由国家政府行政事业单位负责日常经办和管理运营，从政府角度来看，社会保险基金制度和执行层面都是风险管理的范围。如何识别社会保险基金管理中风险的种类，对风险程度和原因进行分析，采取相应的应对措施，将成为政府风险管理体系中关键的组成部分。政府拥有法定的、最权威的强制性权力，控制着以行政系统为主体的最庞大的组织资源，掌握着以财政为主体的丰富的经济资源，政府责任最终将体现在公共权力的合理运用、组织系统的良性运作和经济资源的优化配置上。政府作为社会公众利益的代表，必须要承担起社会保险基金对参保人等利益相关者的保护义务，在风险管理体系中具有不可推卸的责任。随着人口老龄化，社会保险基金已成为许多发达国家最重要的财政活动，政府在社会保险基金中不仅充当着组织管理者、资金补贴者和风险承担者等重要角色，而且相关政策、制度等还直接影响着企业、社会团体和广大参保人的决策。由于我国社会保险基金的历史问题和现实情况，财政需要每年对基金进行专项资金支持，以保证偿付义务的履行。因此，在实务工作中，社会保险基金管理机构作为政府体系的一部分，应该具体地分析基金管理中的各种风险因素和基金风险管理目标、手段和策略，负责风险管理中的风险识别、风险分析与度量和风险控制的具体工作的计划、组织和实施的职能。

2004年COSO的《企业风险管理框架》提出了全面风险管理的概念，全面风险管理要求组织治理层、管理层和基层人员共同参与，在组织战略目标的指导下，识别导致组织利益损失的各种风险，对风险进行规避或者降低到组织的容纳范围内。具体来说，风险管理包括8个相互关联的构成

第五章　社会保险基金风险识别与分析

要素：内部环境、目标设定、事项识别、风险评估、风险应对、控制活动、信息与沟通和监控。本书从中提炼出风险管理的一般性内容，即风险管理是为保证主体目标顺利实现的，贯穿于主体管理全过程的风险评估、应对和控制的全过程。风险管理贯穿于管理过程的各个方面，其目的是要及时地识别风险、预测风险以及规避风险，降低风险可能造成的不良影响，并控制在最低的限度内。结合社会保险基金的资金运动过程，社会保险基金在资金的筹集、资金的支付以及资金的投资运营环节中均有客观的风险存在，从这个角度来说，对社会保险基金风险管理就是识别、分析、应对并控制这些客观风险的过程，保证社会保险基金偿付能力，并实现基金保值增值的目标。

结合前文对风险管理和社会保险基金的相关概念，本书对社会保险基金风险管理的概念加以界定。社会保险基金风险管理是指由社会保险基金的管理机构和其他相关部门与人员共同实施的，作用于社会保险基金资金运行全过程的，通过识别、分析可能会影响社会保险基金安全完整的管理风险或潜在事项以对其进行控制和规避，从而实现社会保险基金保值增值等的一系列管理过程。社会保险基金的资金结余部分主要来源于社会保险基金收支的差额与财政划拨的全国社保基金，并要求通过多种投资方式以实现资金保值增值的目的。[①]同时，社会保险基金收支差额的变化也导致偿付能力风险的变化，多种投资方式也有其不同的投资风险。因此，构建社会保险基金风险管理体系，强化基金运营中的风险意识，有效地识别并规避社会保险基金偿付能力风险和投资风险，加强社会保险基金内部风险控制及其外部风险控制均显得尤为重要。

从社会保险基金风险管理来看，社会保险基金的顺利运行必须以一套有效的内部控制系统作为基础。由前文可知，社会保险基金的管理机构狭义上来说包括全国社保基金理事会、各地社会保险基金管理机构和财政、税务等相关业务部门。从社会保险基金筹集与偿付的角度来看，具体业务涉及各地社会保险基金管理机构、全国社保基金理事会、财政与税务相关部门。从社会保险基金投资运营的角度来看，具体业务不但涉及全国社保基金理事会和各地社会保险基金管理机构，还包括基金公司等其他金融性机构。这些机构既有以营利为目标的投资机构，也有非营利的政府部门，

---

①我国社会保险基金收支实行"部分积累制"，即收取并支付当期社会保险费用的同时，社会保险基金会形成结余，作为国家的战略储备，为投保人的未来基本生活实施保障，促进社会保险基金的持续健康发展。

它们各自独立却又相互联系和制约，这些部门之间和自身就构成了涵盖社会保险基金内部控制的整体系统。一方面，在社会保险基金筹集与支出的整个系统中，不同机构自身目标的差异决定了社会保险基金内部控制的必要性。政府部门与社会机构的重要差异在于组织目标的不同，政府不以营利为组织目标，但社会机构则以营利为一切活动的出发点，不同政府部门的绩效考核指标不同，也会使不同政府部门的工作目标存在差异。这些差异就决定着社会保险基金在分配权力责任的同时，应对不同机构间的权力进行有效的相互制衡，并实现利益牵制，建立和完善一整套社会保险基金内部控制机制，从而达到社会保险基金工作在不同机构间实现"殊途同归"。另一方面，社会保险基金的投资运营也决定社会保险基金内部控制的必要性。随着社会保险基金保值增值任务的加剧，社会保险基金投资工作逐渐委托给社会管理公司负责，加速了进入资本市场的脚步，这也扩大了社会保险基金的内部控制范围。近年来，国外和国内一系列因内部控制失效而导致的投资风险失控案例，使人们对组织的内部控制更加重视，这一点对于身为机构投资者的社会保险基金更加重要，即建立一套完整有效的内部控制机制，以提高机构效率，降低投资风险，使诸如管理公司等利益相关者与社会保险基金的公共利益之间消除矛盾。综上所述，建立并健全社会保险基金风险管理体系对于基金的安全完整、健康发展尤为必要。

二、社会保险基金风险管理的必要性

（一）社会保险基金在管理过程中的特殊性

社会保险基金是将由于未来偿付而收取的社会保险费以基金形式进行管理，具有强制性、基本保障性和政府与公民一级委托代理关系的特征，这些特征决定了社会保险基金在管理的过程中亦具有区别于一般基金的特殊性。

首先，社会保险基金的强制性赋予了社会保险基金管理的严肃性和规范性。社会保险基金体系是社会保障制度的核心组成部分，直接决定参保人的基本生活保障乃至于整个社会的和谐与稳定。随着《社会保险法》的正式实施，社会保险基金也开始了执法阶段，为强制性的特点提供了法律解释，使社会保险基金管理有法可依。社会保险基金风险管理既包括基金收支与结余资金的日常管理，还包括社会保险基金事前预算管理、事中会计管理、事后决算管理以及中长期发展规划的基金偿付能力和投资管理。

第五章 社会保险基金风险识别与分析

因此,强制性贯穿于社会保险基金管理的整个过程之中,一方面要求社会保险基金管理机构以及人员态度端正,确保参保人基本权利的实现,另一方面要求社会保险基金管理应严格遵照相关法律法规,不得随意管理,滥用职权。

其次,社会保险基金的基本保障性赋予了社会保险基金管理的公平性和非营利性。社会保险基金讲求权利与义务对等的原则,且不同于一般商业保险多投多得的性质,这就决定了社会保险基金的管理应秉承公平原则对待每一位参保人,特别是对待城市和农村人口,不应带有感情色彩,只要参保人符合享受保险的条件,就应及时偿付,以保障其基本生活的需要。同时,社会保险基金管理不应以营利为目的,尽管社会保险基金结余部分需要进行投资运营,但也是以基金自身的保值增值为目标,并非以基金为主体获利为目的。只有保证社会保险基金管理的非营利性,才能使管理过程去除管理部门的利益,保持公平和公正。

最后,社会保险基金体现委托代理关系,赋予了基金管理的透明性和公共性。广大参保人拥有社会保险基金的所有权,并委托社会保险基金管理机构负责基金的管理工作,形成了委托代理关系。委托方对社会保险基金的管理有知情权和监督权,有权利要求代理方公布管理信息,以此对代理方的工作行使监督权,这一点也在《社会保险法》中有明文规定。[1]

(二)社会保险基金风险管理的实际意义

因此,社会保险基金风险管理对社会保障制度的落实具有诸多方面重要的实际意义,具体如下:

1. 保证社会保险制度落实的有效手段

政策的有效落实是保证政策效果实现的基础,社会保险制度致力于解决我国由于人口基数大、老龄化趋势产生的公民基本生活保障问题,这一制度的有效与否必须经过实践的充分检验,这就要求社会保险制度应根据规定有效落实。社会保险基金的管理就是保证社会保险制度落实的重要手段,高效的管理不但能充分体现社会保险制度的效果,更能推动社会保险制度的发展和完善。通过发现并及时解决社会保险基金管理过程中实际发现的问题,能够提高管理的效率和效果,实现权责更加清晰,社会资源更

---

[1] 《社会保险法》规定社会保险基金管理机构应定期对管理情况进行披露,主动接受全体参保人等社会各界的监督,确保会计等管理信息透明和公开,保证社会保险基金管理效率和效果。

加整合；通过不断总结和探索社会保险基金管理的理论和经验，从而把握管理过程中的规律，为制度完善提供宝贵意见。

2. 我国社会主义市场经济科学发展的效率保证

坚持改革开放和社会主义市场经济是我国经济发展的基本原则，从发展的历史来看，市场经济不断发展为我国带来了众多经济效益的同时，也造成了诸如竞争压力的增大、个人收入差距显著、物价上涨、社会生活成本过高等很多突出的社会性问题。在这种严峻的形势下，我国从20世纪80年代就不断建立和完善社会保障制度。我国21世纪以来的人口继续增长和老龄化趋势不断明显，对我国的社会保障制度提出了更高的要求。社会保险基金作为社会保障制度的核心组成部分，应加快改革和发展的步伐，而实现与经济发展相适应的目标，就需要社会保险基金管理过程不断完善，以提高基金运行的效率、效果。同时，社会保险基金管理更应以科学发展观为指导原则，统筹兼顾，协调效率、公平和可持续发展的关系，从而为我国市场经济的发展发挥更好的保障作用。

3. 政府风险管理的核心组成部分之一

我国社会保障管理体制正由传统的政府主导型向政府参与型、社会自治型转变。政府在社会保险基金管理中所处的核心和主导地位毋庸置疑，作为广大参保人的代理人，政府有义务保证社会保险基金的健康发展。随着我国社会保险基金逐步由现收现付制向部分积累制转变，资金结余部分逐渐增加，其保值增值工作变得更加必要，政府为了提高效率和节约成本，将这部分资金的投资运营委托给专业投资管理机构负责，从而形成了社会保险基金的次级委托代理的契约关系。这一委托关系的出现，也改变了政策在社会保险基金管理过程中的任务，从单纯的直接管理者逐步扩大成为监管者，成为社会保险基金管理的参与者之一，但仍然处于主导地位。政府的这一转变，增强了公共事业管理中社会的参与度，突破了单纯由政府主导实施的传统方式，也有助于公共事业管理过程对社会公平的体现。

当然，由于专业投资管理机构的营利性与政府的非营利性存在性质与目的上的双重差异，在次级委托代理关系中，政府应加强对社会保险基金管理效率和经营风险的监管，并通过合理的权责分配实现相关管理机构间的制衡，确保社会保险基金管理的低风险、高效率运行。社会保险基金的管理状况是我国政府公共事业管理效率的一种重要具体体现，对社会保险基金管理理论与实践的完善，有助于我国政府公共事业管理能力的提高。

三、社会保险基金风险管理的原则

社会保险基金风险管理的原则是连接内部控制理论与实务的桥梁，为社会保险基金建立与实施内部控制以及评价内部控制的有效性确立了标准。根据风险管理与内部控制的区别和联系，结合社会保险基金管理机构与政府部门的关联，本书提出社会保险基金风险管理的原则。

（一）全面性原则

全面性原则强调社会保险基金风险管理应当贯穿决策、执行和监督的全过程，覆盖基金管理机构及其所属单位的各种业务和事项。行政权力按照其属性可以划分为决策权、执行权和监督权，行政权力的这种划分符合我国当前包括社会保险基金管理机构在内的行政事业单位体制改革的核心思想。全面性原则强调风险管理应当贯穿决策、执行和监督全过程，即要求社会保险基金管理机构的决策要科学民主、执行要强调效率、监督要有力有效。全面性原则强调风险管理范围主体要覆盖所有的部门和下属单位，包括本级各职能部门和二级单位，同时也包括所有部门和单位各层级的全体员工，风险管理的客体要涵盖各项业务和事项，包括收支管理、投资管理和日常会计核算控制等。因此，全面性原则是将相关控制渗透到决策、执行和监督的各个过程，避免存在风险管理盲区，实现全面、全员、全过程风险管控。

（二）适应性原则

适应性原则要求社会保险基金风险管理应当与管理机构规模、管理模式、业务范围和风险水平等相适应，并随着情况的变化加以调整。按照我国宪法的规定，我国地方社会保险基金管理机构分为国务院的人力资源和社会保障部、省级政府的人力资源和社会保障厅、县市级政府的人力资源和社会保障局下属的社会保险基金管理机构，不同级次的管理机构规模和管理模式都差异很大。此外，负责社保基金投资的全国社保基金理事会管理模式也和传统事业单位完全不同，风险管理的建立与实施要考虑这些差异，将不同级次的政府部门按照其规模和管理模式，分别建立和实施管理机构内部控制与外部控制，并兼顾不同的业务范围和风险水平。

（三）制衡性原则

社会保险基金风险管理应当在治理结构、机构设置及权责分配、业务流程等方面相互制约、相互监督，同时兼顾运行效率，实现服务目标和公益目标。相互制衡是建立和实施风险管理的核心理念，制衡性原则主要体现为不相容机构、岗位和人员的相互分离和制约。制衡性原则强调行政权力、机构设置、岗位设置和人员安排的制衡，减少滥用职权和串通舞弊的机会，将社会保险基金管理运营中的风险控制在合理的范围内。但是，制衡性原则不是为了制衡而制衡，其根本目标是提高基金运行效率。

（四）权责一致原则

权责一致原则是指社会保险基金在决策、执行和监督过程中掌握的权利要与承担的责任相一致。权责一致原则不仅强调权利和责任相匹配，也强调权利和责任的强度相对等。按照委托代理理论，社会保险基金管理机构代表全体参保人来管理基金，从而掌握着公共权利，不同部门管理的事务不同，其掌握的权利也相应不同。因此，只有做到权责一致，才能保证财权与事权的匹配，才能有效地履行社会保险基金的公共职能，创造巨大的社会效益。

（五）重要性原则

社会保险基金风险管理应当在全面风险控制的基础上，关注重要业务事项和高风险领域，切实防范重大风险。重要性原则强调建立与实施风险管理体系时应当突出重点、兼顾一般，着力防范能对社会保险基金产生重大影响的重大风险。

四、社会保险基金风险管理三维体系

社会保险基金风险管理是在基金管理经营过程中，识别、分析各种可能造成潜在影响的风险事项，并在其风险偏好范围内进行风险控制和应对，从而为社会保险基金经营目标的实现提供合理保证的体系，具体表现为认真分析风险、有意识地承担风险、科学地管理风险、稳妥地获取风险收益。要从整体角度分析风险，因为风险管理不是简单地将各部门面对的风险进行汇总，而是集中研究各个部门风险的整体效应，并从宏观层面进行风险分析，因此，风险管理贯穿于包括事前、事中和事后等组织运营的整个过程。根据系统理论、集合理论和相关文献回顾，本书提出社会保险基金风险管理三维体系，搭建起相关概念框架。社会保险基金风险管理三维体系包括风险管理目标、风险管理范围和风险管理流程。

（一）社会保险基金风险管理三维体系的理论应用

在社会保险基金风险管理三维体系中，应用了很多经典理论，主要有集成理论、系统论理论、委托代理理论和预警理论。

1. 集成理论

集成理论为社会保险基金风险管理三维体系的建立提供理论支持。根据集成理论，本书在社会保险基金风险管理研究中，有目的、有意识地比较、选择和优化风险控制目标、风险分析方法和应对体系等集成要素；按照内外环境分析起点、流程规范社会保险基金内外风险的分析、识别、度量和控制，建立健全内部控制与外部监督体系，发挥集成要素优势；集成后的整体框架使社会保险基金在内部与外部风险控制的效率和效果得以保证或成倍增长。集成理论还有助于社会保险基金风险管理信息化，不但对于构建社会保险基金内部控制体系中的信息沟通具有重要意义，也有利于健全社会保险基金外部监管机制。

集成活动是在系统的不同层次上展开的，不同层次的集成方式各不相同，层次性是集成的主要特征之一。社会保险基金风险管理信息化应划分为三个层次：一是技术层次的集成，是指用于系统集成的各类信息技术的集成应用，包括实现信息系统的协同、交互和集成过程中所采用的各种数据交换技术、应用集成技术等；二是信息系统资源的集成，指应用系统集成技术对组织中各个独立的信息系统进行的集成，以实现数据和信息的充分共享和一致，包括信息资源的集成、应用系统的集成以及技术平台的集成等；三是业务层次的集成，指对某一业务要素或多种业务要素通过有目的、有意识地比较、选择和优化而形成一个有机整体的过程。在组织风险管理信息化中，包括流程、组织及控制的集成，业务层次的集成贯穿于信息化应用的全过程。在信息系统环境下，技术层次集成是信息系统资源集成的基础，信息系统资源集成又为业务层次的集成创造了条件，三者必须协调配合，信息化应用工作才能发挥整体功效。

根据集成理论，本书从社会保险基金内部控制和外部控制两个角度，将影响风险管理的各项要素有机地集成为一个科学有效的风险管理体系，该体系贯穿于风险管理的风险识别、风险分析和风险控制三个环节，集成了全国社保基金和各地方社会保险基金两个体系的内外风险，克服了之前研究普遍从单一体系去研究社会保险基金风险管理无法顾全大局的缺陷，真正发挥了整体优势，促进了社会保险基金整体利益的实现。

2. 系统论理论

系统论理论是社会保险基金风险管理三维体系的核心思想，基金风险管理过程既受到内部控制因素影响，又受到外部控制因素约束，而两种控制又构成了整个风险管理系统。社会保险基金风险管理体系同样不可避免地受到系统外部环境和内部环境的重大影响。外部环境包括立法环境、政策环境、参保人因素、利益相关者和社会中介机构等，而内部环境包括社会保险基金管理机构的机构设置、岗位职责、管理控制与财务控制方法、风险分析方法、信息与沟通和内部监管等。因此，构建社会保险基金风险管理体系的过程中，要以系统论理论为依据，综合考虑内部和外部因素的影响，将内部风险与外部风险作为一个体系有机整合，既达到社会保险基金的管理目标，也实现政府和参保人的委托责任。同时还要注意社会保险基金内部控制体系、外部监管体系与信息系统体系的协调，共同组成整体风险管理体系，实现社会保险基金管理目标最大化。

3. 委托代理理论

委托代理理论很好地解释了社会保险基金风险管理中外部控制的作用。参保人和参保单位向政府缴纳社会保险费，政府则委托社会保险基金管理机构对资金进行管理，而基金管理机构又将资金委托给专业的基金管理公司去投资运作。在这种双重委托代理关系中涉及三个主体，整个体系中也会产生相应的代理风险和逆向选择问题。因此，社会保险基金管理机构为了应对风险建立内部控制体系，以控制基金管理公司的代理风险，政府也通过外部控制等一系列激励和监管实现对基金管理机构的代理风险控制。这主要是由于社会保险基金风险管理的经济后果会波及整个社会保险基金的安全甚至整个国家的经济利益，可能会造成潜在的不利影响，因此政府作为社会保险基金的举办人和出资人，是社会保险基金委托人，必须加强对社会保险基金管理机构的外部监管。在外部控制体系中，参保人也作为委托人必须要进入监管角色。

同时，社会保险基金管理机构作为委托代理关系中的代理者，应该认真履行受托责任，针对社会保险基金管理过程中面临的委托代理风险，进行风险识别、风险度量和风险控制活动。因此，社会保险基金管理机构要建立内部控制体系，对受托基金管理公司进行风险控制，保障资金安全，实现委托代理双方的利益最大化。社会保险基金风险管理体系的构建需要考虑委托代理问题，将协调、监控委托代理关系的内容贯穿于风险管理体系之中。

4. 预警理论

预警理论对社会保险基金风险管理有很好的指导作用。借助预警理论，可以更好地明确社会保险基金风险管理的流程，识别风险管理过程中可能存在的各种风险，建立多种风险的指标分析体系，将风险度量出来，并以此作为风险预警机制的核心部分，对于超过警戒线的风险要进行重点关注，及时发现风险，采取应对措施，合理分析各类风险类型，准确预测分析风险带来的损失程度，以规避风险、降低损失。

（二）社会保险基金风险管理目标

社会保险基金管理运营目标是一切内部控制活动的基础，有了目标，实际工作才具有方向性，工作效果才有评判优劣的标准。从社会保险基金内部控制的必要性出发，本书可以将社会保险基金内部控制的目标概括为"三个保证，一个提高"，即保证社会保险基金管理运营的合法合规，保证社会保险基金的战略目标顺利实现，保证社会保险基金管理机构披露的财务报告及相关信息真实完整，提高社会保险基金的运营管理效率和效果。

第一，确保社会保险基金管理过程合法合规，是实现社会保险基金风险管理其他目标的保证。这一目标具体是指社会保险基金的管理机构不得违法经营，必须遵守社会的基本规范，包括法律规范和道德规范，必须在法律允许的范围内开展社会保险基金的管理运营活动，而且要肩负社会责任，不能以牺牲参保人的利益为代价。遵守法律法规是一切活动的前提，也是实现其他目标的基础和保证。这一目标的实现有赖于对社会保险基金管理机构与人员相关法律法规的普及、培训，管理机构办事流程的合理安排以及管理机构之间和自身内部权责的明晰分配。

第二，保证社会保险基金战略目标顺利实现，是社会保险基金风险管理的主要目标。资产作为社会保险基金存在的主体形式，保证资产的安全完整就是保证参保人的权益不受侵害。作为具有专项用途的资金，社会保险基金的主要用途是偿付社会保险费用，在确保完全偿付社会保险费用之后，基金的结余部分再通过投资的形式实现保值增值。资金的投资也是在确保安全的前提下，通过对风险的合理规避实现收益的，而不会一味追求高收益，令资金承担过高的风险，威胁资金的安全。这一目标的实现，需要社会保险基金会建立完善的资金管理制度，明确各个环节资金管理人员的职责，并应根据制度的要求定期对资金的财务状况进行检查，在日常管理中加强基金管理机构对资金安全的重视度。

第三，保证社会保险基金管理机构披露的会计及相关信息真实完整，是实现内部管理透明化和监督社会化的信息保障。具体来说，这一目标的提出，不但是为了社会保险基金管理的需要，同时也是内部信息外部化的需要。社会保险基金管理机构不仅需要对基金的经营成果、资产状况和现金流量等日常财务信息进行分析和处理，还要对偿付能力和投资能力等影响未来财务状况的因素进行预测和风险防范。在这个过程中，社会保险基金管理运营数据等信息就显得格外重要。另外，广大参保公民有权对社会保险基金的运营情况进行了解和监督，财务及相关信息则能直观地展现出社会保险基金的收支状况和投资运营成果，从而使公民了解政府管理机构对社会保险基金的受托责任完成情况。这一目标的有效实现是政府公信力的表现，也是社会走向成熟的标志。政府部门预算开支、"三公经费"等财务信息向社会的公开，标志着我国政府管理正趋于透明化，但是这些都建立在所披露的信息真实完整的基础之上，只有及时且真实的信息披露才能真正起到社会监督的作用。该目标的实现依赖于政府管理机构的职业道德和专业水平，以及管理机构内部审计机构的独立性，当然，还可借助外部审计机构对其真实性进行分析。

第四，提高社会保险基金的经营效率和效果，可谓是社会保险基金风险管理目标中最直接的一个，有效的风险管理体系可以从不同方面提高社会保险基金的运营效率和效果。首先，通过明确权责划分，精简组织机构，实现各部门和各工作环节之间的密切配合，协调一致，从而充分有效地使用资源，提高社会保险基金的运营绩效。其次，通过完善内部控制，建立良好的信息和沟通体系，可以使信息在社会保险基金管理机构和地方社会保险基金管理机构间有效地流动，从而降低各部门间信息的不对称性，更加高效地对社会保险基金业务进行处理。最后，可以建立内部考核机制，通过对基金征集、支出和投资等相关部门和部门内员工进行工作考核，并结合相应奖罚机制，起到激励和促进作用，实现整体工作效率的提升。这一目标充分体现出了有效的风险管理对社会保险基金管理机构发挥的积极作用，是社会保险基金风险管理目标与其管理运营目标的结合，也是在建立和完善内部控制过程中所投入成本的回报所在。因此，社会保险基金风险管理因其占用资源、耗用成本而不受重视，反遭忽视的态度是不可取的。

(三) 社会保险基金风险管理范围

按照全文对社会保险基金主要环节的介绍，社会保险基金风险管理主要应用在筹集、支出和结余资金投资环节。由于各个环节均涉及不同的部门，社会保险基金风险管理范围必须具体到实施主体。本书按照社会保险基金不同的业务类型、不同的管理机构和体系及不同的外部控制主体，将风险管理范围界定好。本书根据前文对内部控制和外部控制的理论和文献回顾，认为风险管理范围应该结合组织内部风险控制体系建设和外部风险控制机制。因此，本书将社会保险基金风险管理范围界定为内部控制和外部控制。而内部控制又根据不同的业务类型和管理体系，分为社会保险基金经办机构内部控制和投资运营机构内部控制。本书将按照这样的风险管理范围，对社会保险基金风险管理进行风险识别、风险分析和风险控制，以达到社会保险基金风险管理的目标。

从内部来看，社会保险基金管理机构建立的内部控制体系作为风险管理的实施主体，内部控制要素也是社会保险基金管理机构建立和实施风险管理的基础。总体上来说，社会保险基金管理机构包括五个要素，分别是内部环境、风险评估、控制活动、信息与沟通和内部监督。

第一，内部环境决定了内部控制的基调，是社会保险基金管理组织机构建立和实施内部控制的基础，影响着内部控制的各个方面。本书认为，社会保险基金管理机构内部环境包括：制度规范、治理结构、机构设置、权责分配、人力资源政策和组织文化等。具体来说，社会保险基金制度规范作为内部环境建设中的标准，奠定了整个内部控制的基础。组织架构是明确内部各层级机构设置、职责权限、人员编制、工作程序和相关要求的制度安排。组织架构在内部环境中处于基础地位，包括治理结构、内部机构设置和权责分配。治理结构主要包括决策机构、执行机构和监督机构，以及这三者之间的权责分配。人力资源是内部环境的重要组成部分，是社会保险基金风险管理的人力支持。在内部控制系统中，人既是实施内部控制的主体，又是内部控制的控制对象，即内部控制的客体。组织文化是指在社会保险基金管理机构内部逐渐形成的，为整体团队所认同并遵守的价值观、管理意识和文化精神，以及在此基础上形成的行为规范的总和。

第二，风险分析的任务是对社会保险基金全部重大风险进行识别和分析，而且是一个重复不断的过程。本书认为，社会保险基金面临的风险可以分为宏观和微观两个层次的风险，其中偿付能力风险、投资运营风险和外部控制风险作为宏观层面风险，而微观层面风险主要在会计控制风险中体现。

第三，控制活动是帮助确保社会保险基金风险控制得以实施的政策和程序。控制活动的发生贯穿于整个社会保险基金管理机构，遍及各个层级和各个职能机构。它们包括一系列不同的活动，如授权审批控制、不相容职务分离控制、会计系统控制、财产保护控制、预算控制和绩效考评控制等。

第四，信息与沟通贯穿于内部控制体系的内部环境、风险分析、控制活动和内部监督四个要素中，同时又是实现这四个基本要素的重要工具，为内部控制的有效运行提供信息保证，从而有助于提高内部控制的效率和效果。社会保险基金管理机构应当收集各种相关信息，包括内部信息和外部信息，并对收集的信息进行合理筛选、核对、整合，以提高信息的有用性，并在内部各管理级次、责任单位、业务环节之间，以及管理机构与财政部门、税务部门、审计部门、监管部门、参保单位和个人、中介机构和新闻媒体等有关方面之间进行沟通和反馈，信息沟通过程中发现的问题，应当及时报告并加以解决。社会保险基金管理机构应当建立一套有效的机制和制度提高信息的有用性和沟通的有效性，包括建立内部报告制度、建立反舞弊机制、建立岗位责任制、建立内部控制的信息化系统。

第五，内部监督是社会保险基金管理机构对其内部控制的健全性、合理性和有效性进行监督检查与分析，形成书面报告并作出相应处理的过程。建立的内部监督制度应当包括如下方面：内部控制评价制度、内部审计制度、党委纪检和监察制度、绩效考核制度。从外部来看，由立法机构、政府部门、参保人、利益相关者、中介机构等构成社会保险基金外部控制体系，也同样作为风险管理的实施主体。外部控制是相对于内部控制而言的，指的是组织外部的组织对组织施加的一种控制行为。社会保险基金外部控制主要是以社会保险基金管理机构外部的立法监督、政府监督、参保人监督、利益相关者监督和独立中介机构的鉴证等要素综合完成的，并以外部审计监督作为社会保险基金监督体系的重要组成部分，对社会保险基金风险进行应对。

因此，本书将社会保险基金风险管理的风险因素归纳为组织机构控制风险、偿付能力风险、投资运营风险、会计控制风险、信息管理风险和外部控制风险。在风险识别、风险定性分析和风险控制等流程中，对这六大风险进行梳理和分析，提出整体和具体风险控制措施。

（四）社会保险基金风险管理流程整合

1. 社会保险基金风险管理体系的要素

社会保险基金风险管理流程主要是将风险要素进行整合，按照先后顺序排列而成。按照全面风险管理理论，社会保险基金风险管理体系应包括相互关联的八大要素，各要素贯穿于风险管理全过程，为实现基金管理目标提供保证。

第一，内部环境，主要是在社会保险基金风险管理组织机构中建立完善的内部控制制度，树立良好的风险管理理念，营造出色的风险管理文化，为其他风险管理要素的实施打下环境基础。

第二，目标制定。基金管理公司必须首先确定社会保险基金管理目标，才能够在此基础上确定对目标的实现具有潜在影响的各种不确定因素。

第三，事项识别。风险管理要将可能导致损失的风险事项识别出来，主要包括：因信息和资料使用不妥当致使决策失误；会计核算资料不够完整准确；资产保护不完善；基金信誉受损；基金组织决策、计划不合理；存在违法或违规行为；资源利用低效；目标和任务不能及时完成等。

第四，风险分析。风险分析应该建立在社会保险基金管理公司对风险事项充分识别的基础上，从定性与定量两个主要方面，主要围绕风险的动因、概率和影响进行评估。

第五，风险反应。风险反应可以分为承担风险、分担风险、降低风险和规避风险四类。对于每一项重要的风险，社会保险基金管理公司都应考虑所有的风险反应方案，将风险发生的可能性和影响都控制在容忍度之内。

第六，控制活动。控制活动是为了实现风险应对效果而实施的相关政策和程序，存在于社会保险基金管理的各个层面，一般包括实施政策和与之配套的程序。

第七，信息和沟通。社会保险基金管理机构应该以定期的形式，对内部和外部的相关信息进行确认、计量和报告，以保证社会保险基金管理机构的所有环节能够恰当履行各自职责。

第八，监控。对社会保险基金风险管理的监控是指分析风险管理要素的内容、运行以及执行质量的过程。具体来说，可以通过持续监控预警和个别风险评估两种方式来进行，确保风险控制流程及时高效。

2. 社会保险基金风险管理的流程

结合以上分析，本书将按照社会保险基金风险管理的实际情况，对全面风险管理理论的八个要素进行整合，认为完善的社会保险基金风险管理体系应将风险管理视为闭环型的流程管理，包括风险识别、风险分析、风险控制三个主要流程，按照逻辑层级依次推进并循环往复，在整个过程中还要持续进行风险监控和预警。

第一层级为风险识别，即确定何种风险可能会对社会保险基金产生影响，并以明确的文档描述这些风险及其特性。

一般而言，风险识别是一个反复进行的过程，应尽可能地全面识别可能面临的风险。这一过程是分析风险和应对风险的基础，系统全面的风险识别可以做到"防患于未然"，有效地对潜在风险进行合理预期和检查，从而提高社会保险基金抵御风险的能力。对风险进行分类和归纳是风险识别中常用的方法。风险分类应当反映出社会保险基金行业属性或应用领域内常见的风险来源。例如，技术方面的风险、时间安排方面的风险及财务方面的风险等。根据积累的风险数据和信息，特别是在风险管理过程中形成的数据集和风险管理知识库，可以较为完整地开发和编制风险检查表。检查表的好处是提高了风险识别过程的效率。社会保险基金风险管理要求广泛、持续不断地收集与社会保险基金各项风险和风险管理相关的内部、外部初始信息，包括历史数据和未来预测，查找社会保险基金管理各业务单元、各项重要经营活动及其重要业务流程中风险是否存在和风险种类。应把收集初始信息的职责分工落实到各有关职能部门和业务单位。

第二层级为风险分析，即评估已识别风险可能的后果及影响的过程。

风险分析则涉及被识别风险的重大程度、风险发生的概率和风险控制方法，是风险识别后的主要任务。风险分析是量化风险的过程，将识别出的事项进行理性判断并得出相应的应对措施，为具体的控制活动提供行动依据和参考。风险分析过程对风险的衡量标准值得重视，需要结合具体机构和事项本身，应考虑对风险的容忍程度，从而达到在风险控制过程中的资源合理分配，降低风险管理成本的效果。风险分析可以选择定性分析或定量分析方法，进一步确定已识别风险对社会保险基金的

第五章　社会保险基金风险识别与分析

影响，并根据其影响对风险进行排序，确定关键风险项，并指导风险控制计划的制订。风险指标体系是一个有效的风险分析模型，主要用于表征社会保险基金的风险程度。该体系根据风险识别和风险分析的结果，运用数学模型计算得到一组量化的风险指数，从而实现对风险的量化反映及横向校核，并监控风险管理的绩效。具体来说，社会保险基金管理机构对在风险识别过程中收集到的风险管理初始信息和社会保险基金各项业务管理及其重要业务流程进行风险评估。社会保险基金风险评估包括风险度量、风险分析两个步骤。评估过程中应将定性与定量方法相结合，定性方法可采用人员访谈、专家咨询、情景分析、政策分析、问卷调查、集体讨论等。定量方法可采用数理统计方法（如 ARMA 与 VAR 模型）等在各种统计软件中实现。

社会保险基金风险定性分析是将风险识别流程中整合后的风险以定性的方法进行分析，主要采用专家咨询、情景分析、政策分析和实地访谈的方式对风险进行现状描述和原因分析，对社会保险基金主要风险进行定性分析，为定量分析做好充分的论证。对社会保险基金风险进行定量分析时，应建立各种风险的度量模型，并通过具体数据提取，在保证模型的前提假设、参数设置、数据来源和定量分析规范的情况下进行风险分析。具体负责部门还要根据风险环境的变化，定期对模型的假设前提和估计参数进行复核和更新，将定量分析结果与实际数字进行比对。风险分析是对辨识出的风险及其特征进行明确的定义描述，分析风险发生的条件，并分析风险对基金管理目标的影响程度。风险分析还应包括各种风险之间的逻辑关系分析，以便发现各风险之间的连带关系和风险组合的整体效应。

具体来说，社会保险基金风险的定量分析与宏观经济变化、人口数量和结构变化、投资领域风险程度和业务管理人员素质高低等方面是密切相关的。结合我国社会保险基金的实际情况，社会保险基金风险定量分析主要针对两方面内容，即社会保险基金的偿付能力风险和社会保险基金的投资风险。社会保险基金的偿付能力风险是指，社会保险基金收入无法满足社会保险支持的需要，进而增加政府财政压力的风险。随着我国人口老龄化趋势明显，竞争压力加剧造成的失业人口数量增加，我国社会保险基金的社会保障任务正不断加重，尽管目前的基金收入可以满足支出需要且能够形成资金的结余，但资金结余部分的边际增长量呈下降趋势，社会保险基金的中长期发展面临偿付能力的风险。风险分析正是起到防微杜渐的作用，通过对社会保险基金偿付能力进行风险分析，从而及时了解资金缺口的大小变化，并通过把握其发展走势，进行及时的政策调整、合理安排预算支出以应对资金缺口的风险。社会保险基金投资风险，是指社会保险基金结余资金在投资保值过程中造成资金损失的风险。我国的社会保险基金实行部分积累制，资金在正常偿付社会保险费用的同时会形成结余部分。随着结余资金的不断增加，其投资保值增值成为社会保险基金投资运营的重要部分，此外，国家财政拨付给全国社保基金理事会的保障资金也是社会保险基金投资的组成部分。借鉴国外社会保险基金投资的先进经验，结合我国宏观经济、金融市场和社会保险制度的具体情况，目前，我国社会保险基金的投资正逐渐增大股票市场投资的比重，旨在追求较高投资回报的同时，提高基金资金的利用率并推动我国股票市场的健康发展。而我国股票市场投资具有高收益、高风险的特征，这就决定了社会保险基金进入股票市场之后，追求保值收益的同时，要面对高于其他投资方式的风险，投资风险的合理评估和分析显得尤为必要和重要。在我国，社会保险基金的股票投资主要由全国社保基金理事会负责，并委托给专业的管理公司负责，不同投资组合的风险评估和分析的工作亦由各自的委托管理公司完成。作为机构投资者，社会保险基金投资具有长期稳定的特征，因此，对于各个投资组合的风险评估和分析也应以中长期为主。通过对投资过程中潜在风险的识别和分析，界定风险的性质、量化风险的影响，从而及时制定有效的风险预警系统和规避方案，以避免社会保险基金投资过程中不必要的损失。下文主要从社会保险基金的偿付能力风险和投资风险两方面对社会保险基金风险管理进行论述，对风险进行具体评估和分析。

  第三层级为风险控制，即针对社会保险基金面临的风险，开发、制订风险控制计划并组织必要的资源着手实施，目的是有效控制风险，避免风险失控转化为实际损失。

  风险控制包括社会保险基金当前及未来面临的主要风险类别，针对各类风险的主要应对措施，每个措施的操作规程，包括所需的资源、完成时间以及进行状态等。社会保险基金根据自身条件和外部环境，围绕社会保险基金风险管理目标，确定社会保险基金风险偏好、风险承受度、风险管理有效性标准，选择风险承担、风险规避、风险转移、风险转换、风险对冲、风险补偿、风险控制等适合的风险管理的总体策略，并确定风险管理所需人力和财力资源的配置原则。

第五章　社会保险基金风险识别与分析

首先，社会保险基金管理机构根据不同业务特点统一确定风险偏好和风险承受度，即社会保险基金管理机构愿意承担哪些风险，明确风险承担的上限和下限，并计算出风险的预警线及相应采取的风险控制对策。社会保险基金管理机构应该正视风险与收益之间的均衡关系，防止为了追求收益而承担高风险的现象出现，也要避免一味追求低风险而放弃改革和发展的机会。

其次，社会保险基金管理机构根据成本与效益相结合的原则，结合资金预算，明确基金风险控制环境中的组织体系、人力资源，制定切实可行的风险控制的总体安排，并根据具体情况不断更新和完善。

再次，社会保险基金管理机构根据风险控制总体安排，针对不同的风险制定具体的风险控制措施，具体包括风险控制所需要厘清的组织层级、业务流程，并采取全过程的风险控制方式。

最后，社会保险基金管理机构的风险控制措施必须符合相关法律法规的要求，与基金管理战略目标和风险策略相吻合，平衡风险控制的成本和效益。

此外，风险监控与预警机制贯穿于风险管理全过程，跟踪已识别的风险，监控残余风险及识别新的风险，确保风险控制计划的执行，评估风险控制措施对降低风险的有效性，并形成风险监控报告。风险监控是风险管理生命周期中一种持续的过程，在经营过程中，风险不断变化，可能会有新风险出现，也可能有预期风险消失。

第二节　社会保险基金风险的识别

社会保险基金作为一种重要的社会保障机制，旨在为参保人提供经济支持和保障，特别是在退休、失业、医疗和工伤等情况下。然而，随着人口结构的变化、经济发展的不确定性以及政策环境的变化，社会保险基金面临着诸多风险和挑战。因此，对社会保险基金风险进行识别具有重要意义。

按照社会保险基金风险管理三维体系，从风险导向的社会保险基金内部控制中的主要组成部分出发，辅以外部控制，将风险识别、风险分析和风险控制的风险载体最终定义为社会保险基金组织机构风险、偿付能力风险、投资运营风险、会计控制风险、信息管理风险和外部控制风险，并对六种风险进行重点识别分析。

一、社会保险基金组织机构风险的识别

社会保险基金管理机构是社会保险基金内部控制体系的计划者和实施者,也是建立风险管理和内部控制体系的载体。

社会保险基金组织机构控制主要按照业务经办规程设置。社会保险登记、缴费基数审核和养老保险费征缴、个人账户管理、退休待遇审核和调整、养老金支付、社会化管理、基金财务管理、养老保险基金运营、信息管理、稽核监督等设立独立的工作部门或专项工作岗位。明确各业务部门工作职能、岗位职责、工作程序、工作标准、考核办法及具体要求,科学合理设置各业务部门内经办岗位。各岗位人员职责明确,权限明晰。涉及养老保险经办管理中的重大事项决策,应按照民主集中制的原则,由具体经办业务部门提出建议,单位领导班子集体决策。业务部门提出培训计划,报单位主要负责人同意,综合部门定期组织并实施对各经办机构、各业务岗位人员进行业务培训和考核。每年应组织不少于一次的业务培训。

通过对"上海社保案"[①]内情进行深入研究后发现,社会保险基金组织机构设置、权责划分和授权机制不合理导致基金损失的情况很严重。一旦出现这种情况,往往会产生大量的违规行为。"上海社保案"中的大量社会保险基金被挪用投向民营企业,造成了参保人利益受损。这说明这种社会保险基金管理决策模式和程序都不够严谨,虽然社会保险基金管理机构应该按照行政事业单位的传统模式实行集体决策体制,而机构领导者会或多或少地影响到机构决策。如果机构缺乏对机构领导者的制约和监督,这就容易由于组织机构权力监督缺位而导致损失,严重影响社会保险基金的安全完整、保值增值。同时,很多社会保险基金管理机构都缺乏对领导的追责机制,对机构领导的权力范围也不明晰,在损失发生时会出现推诿的情况。如"石嘴山市医保案"中的社会保险基金管理机构领导将挪用资金借贷给房地产公司的决策推给负责具体经办业务的财务部门而推卸责任。据广东省社会保险基金管理机构情况显示,多个地方存在社会保险基金收支业务的经办、复核、审批等岗位没有分离,而是多种业务由同一人员负责,而且长期兼任,并没有建立科学严格的岗位轮换机制,或者在执行环节中不规范。社会保险基金管理机构内部部门与岗位之间缺乏必要的制衡机制,存在因人设岗,或者以经办人员业务熟练、人手不足等理由,忽略

[①]2006年7月17日,上海市劳动和社会保障局局长祝均一因涉嫌违规使用32亿元社保基金而被隔离审查,涉案金额达百亿人民币的上海社保基金案也随之浮出水面。

了岗位和部门的分离，会影响社会保险基金收支与投资业务的正常运行，增加了参保人的利益受损的可能性。

二、社会保险基金偿付能力风险的识别

社会保险基金的偿付能力风险是指在一定的积累模式下的社会保险基金总负债超过可供支配的总资产而发生超支的概率，如果按照当年来看，就是社会保险基金可供支配的支出超过收入而发生超预期支出的概率。与商业保险的偿付能力不同，社会保险基金的偿付主体是国家而不是社会保险基金管理机构，所以社会保险基金的偿付能力风险的内涵不仅反映了社会保险基金的经济功能、社会保险基金的可持续发展，这反映了最大化的社会效用与适度的社会保险基金偿付能力之间的关系。而且在整个社会保障体系中，相对于社会救济和社会福利，社会保险也是社会保障体系的核心部分，社会保险基金偿付能力风险则成为社会保障体系风险管理中最重要的部分。因此，如果对社会保险基金偿付能力风险进行评估，并建立与之匹配的预警机制将作为社会保障制度可持续发展的关键，以改革现行的社会保障制度。

社会保险基金偿付能力风险的经济内容表现为，由社会保险基金管理机构所代管的社会保险基金收入总额不足以满足当期或未来各项社会保险基金支出总额的资金而导致损失的概率。社会保险基金资金来源主要是参保人上缴的社会保险费，且具有投资、储蓄以及支出产生的消费等经济功能，所以它的经济调节功能占有更重要的地位。社会保险基金收入总额一般由社会保险费（税）收入、国家预算拨款和投资收益等组成，也构成了社会保险基金的偿付准备金，其增减变化也体现偿付能力的消长。由于社会保险的保险水平具有刚性，如果偿付准备金数额有可能满足不了社会保险基金支出的数额，社会保险基金偿付能力风险则会增加，国家将承担最后财政责任。为了避免这种情况出现，社会保险基金管理机构可能会向金融机构借贷或发行特别国债来负债运营。

三、社会保险基金投资运营风险的识别

社会保险基金投资渠道的限定、相关技术人员的不足和配套风险管理体系的缺位，基金增值率赶不上通货膨胀或利息率，会导致社会保险积累结余资金的管理与保值增值问题日益突出。尽管提高投资收益率仅仅是增强社会保险偿付能力的若干措施之一，但是通过对主要包括提高

投资收益率、提高缴费率、延长退休年龄、调整计提比例等不同措施对社会保险基金偿付能力的贡献度分析发现，偿付能力对投资收益率有很强的敏感性，因此，提高投资收益率是在所有偿付能力风险控制措施中最有效的，而在社会保险基金投资领域中，资本市场是收益率最高的领域，同时也是投资风险最高的领域。因此，对社会保险基金投资风险与收益的度量就成为投资风险管理的重要内容。社会保险基金结余资金管理与保值增值的问题日益突出，而提高投资收益率是在所有偿付能力风险控制措施中最有效的，所以对社会保险基金投资组合风险的度量是其风险管理的重要内容。

现阶段我国社会保险基金可以划分为全国社保基金和地方社会保险基金两个部分。全国社保基金指中央政府集中的国家战略储备资金，是由国有股减持划入资金及股权资产、中央财政拨入资金、经国务院批准以其他方式筹集的资金及其投资收益形成的并由中央政府集中的社会保险基金，即是通常所说的可以进入股市的社会保险基金，而且各省市的地方社会养老保险基金的个人账户也由全国社保基金投资和运营。地方社会保险基金指地方社会保险基金收入扣除支出后的余额。

除了两者投资主体不同外，投资目的也不尽相同。全国社保基金投资必须要在安全的前提下实现保值、增值的目标，以应对未来人口老龄化提高带来的社保支出增加的要求；地方社会保险基金主要是应对地方现实支付情况，要求保证资金的安全性和高偿付能力。因为投资目的不同，两者投资能力和领域也有区别。全国社保基金拥有健全的管理机制和高水平的专业投资团队，能够使投资在赢得较高收益率的同时，又具有较高的安全性，投资领域能够涉及股票、实业、海外市场、股权等多个市场和投资品种。而地方的社保基金按国家规定留足两个月的社保支付金额后，投资的渠道一直限定为专户储存和购买政府债券，严禁用作其他投资用途。本书讨论的能够在资本市场进行投资的社会保险基金主要是指全国社保基金，也是通常所说的可以入股市投资的社会保险基金，地方社会保险基金主要投资领域就是银行存款和固定利率债券。

四、社会保险基金会计控制风险的识别

社会保险基金的会计处理上存在核算原则不相符、会计主体不明确、科目设置不匹配、会计确认和计量不准确、列报和信息披露不全面等问题，会导致无法监督企业管理者实事求是地核算和计提社会保险基金，也无法

监督政府部门和社会保险基金管理机构合理收支和保管基金,无法保证基金的低风险运行。因此,全面分析社会保险基金的会计控制问题,系统梳理会计流程中存在的风险,具有十分重要的意义。

社会保险基金会计控制虽然不同于企业会计控制,但政府作为委托人将社会保险基金委托给社会保险基金管理机构进行收支管理和投资运营,从这一点来看,社会保险基金同企业有着相似的受托责任关系。那么我们可以借鉴企业控制内容的分类,将社会保险基金会计控制也分为"社会保险基金会计控制"和"对社会保险基金会计的控制"。因此,社会保险基金会计控制的概念可以分为两个层面去理解,第一层面为通过会计工作和利用会计信息对社会保险基金的收入、支出以及投资运营等业务活动的确认、记录和报告过程中所进行的指挥、调节、约束和促进等活动,提供真实、可靠的会计信息,以保证社会保险基金的合规性,资产安全、完整以及高效运转,以保障基金偿付能力和实现保值增值的目标。第二层面为在这个过程中,社会保险基金管理机构还要对其会计工作及其质量所进行的控制,对基金会计管理活动进行的一种再控制,全面了解会计控制中的风险,并进行规避。

社会保险基金会计控制体系涉及诸多内容,其中最为基本的内容主要由三部分组成:一是社会保险基金会计控制的基本理论和制度,具体包括社会保险基金会计基本假设、社会保险基金会计要素、社会保险基金会计要素的确认和计量等。二是社会保险基金会计核算内容,包括社会保险基金预算控制、会计核算、会计账户的具体设置和会计信息报告。三是社会保险基金内部审计,主要是基金管理部门对会计控制工作的再控制,也是一种过程和结果的监控和管理,以便于基金管理机构及时发现会计控制过程中的风险,并及时整改并上报给上级部门。社会保险基金会计控制作为社会保险基金管理体系或制度的一个重要组成部分,其主要功能在于详尽描绘社会保险基金的征收、支付和投资运营的实际运行过程,从数据上揭示社会保险基金运行中的相互关系,从而为全面了解资金实际运行过程、具体制定各项宏观社会保险基金政策提供基本技术依据。

五、社会保险基金信息管理风险的识别

社会保险基金会计信息作为会计控制的重要管理和监督手段及方式,国内很多学者对其管理做了深入研究。综合来看,国内学者在研究社会保险基金会计信息管理内容上的一些特点:一是基本框架内容一致。社会保

险基金会计管理体系的构建仍然是以基本的会计信息披露体系为范本，所以社会保险基金会计披露内容也都包括基本情况介绍、财务报告和其他信息三方面。二是报告主体以会计主体为主。在主表的设计上以反映社会保险基金会计主体为主。三是重视对基金信息的定性披露。社会保险基金的收支、运营状况通过补充报表体现。

　　近年来，我国社会保险基金进入了高速发展阶段，社会各界对社会保险基金的关注更多，对基金管理信息的需求也愈加强烈。面对金额如此之大的基金管理压力，基金管理工作对信息管理的要求就会更高，由此也对服务于基金管理工作的计算机信息系统作出了更加严格的规范。社会保险基金管理机构中，以会计信息为主的信息系统尚不能提供可靠和相关的社会保险基金管理报告，不能满足机构内部管理的要求。在外部信息披露上，无论是在信息的决策有用性还是可理解性等方面，都无法达到外部信息使用者的要求。

　　而且当前社会保险基金管理机构所使用的计算机软件，基本上没有对涉及基金的信息进行安全等级的区分，也没有建立数据操作的权限控制，基金管理机构并没有对信息管理制定相应的措施，无法及时监管管理人员在信息管理中的主观更改和客观失误。同时，社会保险基金信息管理人员往往缺乏合理的岗位设置，同一人员兼任信息制作与信息披露工作，而且在计算机系统中也没有进行权限登记，信息管理工作缺乏可复核性，不利于日后的内部审计与外部监督。此外，社会保险基金管理机构中的信息管理系统在软件和硬件方面建设尚不完善，特别是对计算机病毒的防范工作往往不到位，影响基金信息管理软件的正常运行，导致基金的信息管理运行承担很高的风险。

六、社会保险基金外部控制风险的识别

　　社会保险基金案的频发，引发了人们对于社会保险基金监管问题的热议。如何建立和完善社会保险基金监管体系，加强对社会保险基金筹集、基金支付和投资运营流程的监督，成为社会各界关注的焦点。国内学者大多针对社会保险监管的制度监管、政府监管和信息监管进行了探讨，但是缺乏一定的系统性，研究往往从某一领域或视角出发，缺乏对社会保险基金外部监管的全局把握。同时，由于包括我国社会保险基金参保人、资本市场投资者和民间审计力量在内的众多社会保险基金利益相关者地位没有得到广泛重视，其在社会保险基金管理和决策中没有任

第五章 社会保险基金风险识别与分析

何发言权,缺乏社会监管的社会保险基金在运行中必然要承担很大的委托代理风险和投资风险。我们发现,社会保险基金信息作为外部控制的主要手段,不管是对于政府相关部门的监管还是对于利益相关者的监管来说都是至关重要的。从市场化监督的角度出发,政府相关部门的对于社会保险基金信息,特别是投资信息披露还没有相应的规定。在这种松散的控制条件下,社会保险基金信息披露方式与信息含量往往引起利益相关者的极大关注。

目前,我国资本市场特别是A股市场是社会保险基金投资的主要领域,我国人数众多的利益相关者既作为社会保险费的缴费人,同时又是资本市场上的投资者,应该享有社会保险基金投资信息的知情权,并应该责无旁贷地肩负起监督的义务,加强对社会保险基金的外部监督,以降低其投资风险。资本市场上与社会保险基金性质的其他机构投资者也被赋予降低资本市场波动性的使命,也是社会保险基金的外部监督的重要力量。但是我国缺乏对社会保险基金参保人和利益相关者等问题进行广泛的研究。因此,全面梳理我国社会保险基金外部控制风险点是十分必要的。

社会保险基金外部控制是相对其内部控制而言的,是由社会保险基金管理机构之外的机构和个人对基金管理经营中产生风险的控制活动,是社会保险基金风险管理体系中的重要组成部分。社会保险基金外部控制旨在对基金收支管理和投资运营予以监管,从而保证内部控制目标更好地实现。相比社会保险基金内部控制而言,外部控制具备更强的独立性,监督作用更加客观,管理运营信息反映更加全面。为便于对社会保险基金实施会计监督,还需要建立和完善一个以司法部门(公安、检察、法院)、政府经济管理部门(财政、税务、审计、工商)、政府行政管理部门(监察、纪检、劳动和社会保险基金)、利益相关者(全体参保人和资本市场投资者)和中介组织(会计师事务所、律师事务所、研究咨询机构及其他社会团体)为主体的社会保险基金经营主体社会监督体制。本书社会保险基金外部控制的概念是为了防范和降低社会保险基金管理运营中的各种风险,保护参保人的合法权益,保证基金资产的安全完整和保值增值,保障社会保险基金按时和足额支付,国家根据相关的法规和政策,授权专门机构,包括行政监管机构和专业监管机构,对社会保险基金收支管理和投资运营业务中涉及参保单位、社会保险基金经办机构和运营机构或其他相关的中介机构进行监督、评估和鉴定,掌握和监督社会保险基金管理状况和管理行为,在确保社会保险基金正常运行的基础上，兼顾其他参与者合法利益的制度、规则及相应风险控制活动的总称。

　　社会保险基金外部控制可分为两个方面：对事务的监管和对组织机构的监管。所谓对事务的监管，是指通过审查和评价社会保险基金管理绩效，以检查社会保险基金管理机构处理日常事务的效率和效果以及信息披露情况；对组织机构的监管是指通过厘清社会保险基金管理机构的机构设置、办事流程、人员分工，从而评定社会保险基金管理机构权责分配是否合理，管理系统是否冗余。

　　实施外部控制的第三方从以上两个方面入手，在确保外部控制目标实现的同时，能够使公众更好地了解社会保险基金收入、支出和结余资金使用情况，为社会保险基金管理制度的完善提供参考和依据，更有助于社会保险基金管理机构与人员的工作规范。由于社会保险基金是一项政府受托基金，因此政府在外部控制当中占有非常重要的分量。一般来说，政府监管分为两种类型。一种是审慎型监管，要求负责社会保险基金运营的管理公司在对社会保险基金投资时应本着仅为受益人利益考虑的原则。法律并不对社会保险基金的投资实行限制，而由社会保险基金管理机构根据市场情况制定投资原则和投资战略，由管理公司本着谨慎性的原则负责实施。另一种是严格限量型监管，通过设定限量标准对社会保险基金的投资管理进行规制，即通过列举的方式规定社会保险基金准许投资的资产类型与投资比例标准。在审慎监管模式下，社会保险基金上级监管部门或全国社保基金理事会将会较少干预基金的日常收支管理和投资运作，基本仅在基金运行出现问题时才会介入，监管工作主要依靠外部审计机构、资产评估机构、社会保险精算师、法律顾问以及新闻媒体等中介组织。在严格限量监管模式下，社会保险基金上级主管部门或全国社保基金理事会更多地干预基金管理的日常运作，并成立专门的监管机构对社会保险基金收支管理和投资运营进行监管。这种模式要求基金管理机构必须达到最低的审慎性监管要求，还要求基金的资本结构、投资运营绩效等具体方面必须符合更加严格的限量监管，加强社会保险基金风险的外部控制与监管，将风险降低在可接受的范围。

第三节 社会保险基金风险的分析

一、社会保险基金组织结构风险的分析

我国社会保险基金包括地方社会保险基金和全国社保基金，其分别由地方社会保险基金经办机构和全国社保基金理事会管理。地方社会保险基金会计控制主体和监督主体的重叠、统筹层级过低和全国社保基金会计控制主体多样化不利于地方社会保险基金的收支管理和全国社保基金的投资运营。

（一）社会保险基金组织机构总体分析

社会保险基金管理机构与会计报告主体不一致。现行制度规定社会保险基金经办机构作为社会保险基金会计主体，负责管理社会保险基金，但会计报告的主体又不是经办机构，而是以各类社会保险基金作为报告主体，会计主体和会计报告主体不一致。在个人账户与统筹账户的管理上，相关管理部门都具有部分会计主体和监督主体的性质，但是又不能完全履行的职责，造成基金管理中的缺位，使基金承担很大的偿付能力风险。

从基金管理机构的会计主体地位方面来，我国将个人账户资金纳入财政专户由政府统一管理。个人账户基金为参保人所有，其会计责任并不完全属于政府，而社会统筹账户基金则带有明显的公共基金性质。虽然政府对个人账户基金安全性的监管负有相应的责任，但是将其完全纳入财政专户并与社会统筹账户基金统一管理则缺乏一定的理论和制度依据，这种模式模糊了政府与市场在社会保险基金管理中的职能分工。将社会统筹和个人账户两种性质不同的基金混在一起、用同一种模式征收，无论是税务征收，还是社保征收，都难以避免政府与市场责任的混淆，由此造成两大征收主体无法统一。社会保险基金管理机构、人力资源和社会保障部门、财政部门和税务部门之间的矛盾正是由于这个原因而产生的。社会保险基金经办机构的会计控制流程，可简括为"税务征收、财政监督、社保管理"。在这一流程下，资金的核算主体趋向多元。具体说就是，由"一个"（原来的社会保险基金经办机构）变成"三个"（财政、税务、社会保险基金经办

机构）。仅就财务报告而言，地方社会保险基金经办机构在对外报送财务报告时，究竟是以单个基金的形式对外报告，还是以机构为主体对外报告尚不确定。如果主体不明确，那么资产、负债就难以界定，收入和支出就无法衡量。这样的管理模式使会计控制主体缺失，管理机构会计部门无法对会计责任进行匹配。

从地方社会保险基金监督主体来看，各地方的社会保险基金经办机构负责社会保险基金的管理工作，监督工作则由人力资源和社会保障部门的基金监管部门负责，两者在行政上均隶属于人力资源和社会保障部，暴露出自我审核的弊端。这样一来，社会保险基金监管弱化，投资运行中的风险管理也难以到位，社会保险基金的安全完整也将受到威胁。

（二）地方社会保险基金经办机构分析

自社保制度建立开始，我国地方社会保险基金一直存在统筹程度不高的问题，社会保险基金分散在市县一级的社会保险基金经办机构中，并沉淀在财政专户中，其中又以县级为主。

如果强行用行政手段提高统筹层次，可能带来效率降低，制度成本增加的风险，一个可能的后果就是社会保险基金受益人数会大幅增加。另外，在实践当中，哪一级政府统筹，就意味着哪一级政府要承担社会保险基金偿付的全部责任，这种情况下，省级政府自己提高统筹的意愿也不高。出于现实的考虑，责任最小化，利益最大化自然成为地方政府的首要权衡问题，它们既想要省级统筹的利益，又不想要省级统筹的责任，于是就变成目前名义上的省级统筹，各省份成立省级调节金，有一定的权利，但责任还是在下面的市、县。根据未来全国统一的社会保险基金投资运营主体的构想，机构并不设在人社部之下。而将分散在各级社会保险基金经办机构中的资金收缴集中，需要人社部的配合。而由于大部分个人账户资金系存放在财政专户中，也需要各级财政部门的配合，社会保险基金集中于一个会计控制主体面临着多部门协调问题，难度不小。即使通过行政力量将各地社会保险基金经办机构管理的资金加以统筹，并纳入统一管理，但因为各地个人账户的结余不同，最终的利益分配可能存在隐患，而且，一些存在账户亏空的地方政府比较愿意交出管理权，而一些账户盈余的地方政府则顾虑重重。

（三）全国社保基金理事会分析

全国社保基金理事会作为全国社保基金的管理机构，具有会计主体的属性。理事会也按照一般基金管理公司的要求，定期公布全国社保基金的财务报告。但是也存在与地方社会保险基金一样的问题，就是会计主体与报告主体不一致。从全国社保基金会计监督主体来看，我国社会保险基金的监管模式是政府集中管理下的部门分散管理，监督职责由人力资源和社会保障部、财政部、我国银行业监督管理委员会、我国证券监督管理委员会等共同承担，监督部门的多元化虽然可以丰富全国社保基金的监督视角，但监督部门的分散化也容易造成权责中心的缺失，各部门都管便意味着各部门都不管。此外，各部门独立执行监督职责，不同监督部门之间也缺少横向的交流和沟通，信息传递的成本以及工作协调难度便随之加大。全国社保基金进入资本市场已为众人所知，在风险四伏的资本市场中，如果缺少了有效的监督，全国社保的投资效率降低，未来社会保险基金偿付能力也势必受到影响。

二、社会保险基金偿付能力风险的分析

无论对于社会保险基金参保人和社会保险基金事业，还是对于整个国家的经济发展和社会秩序，偿付能力风险管理都有着极其重要的意义。

（一）社会保险基金收支模式

社会保险基金偿付能力风险主要来源于基金收入和支付环节，因此本书首先对收入渠道和支出项目进行描述，再将二者相结合重点对偿付能力风险进行分析。

根据《中华人民共和国社会保险法》的规定，参保单位职工参加基本养老保险时缴纳的基本养老保险费应由参保单位和参保人共同承担，由参保人承担基本养老保险缴费的人群也界定为无雇员的个体工商户、未在参保单位缴纳基本养老保险的非全日制从业人员。目前中国城镇职工按照工资的 8%缴纳社会养老保险基金并建立个人累积账户，雇主按工资总额的20%缴纳，由政府建立基本统筹账户。但是社会统筹账户收不抵支，占用了个人账户的资金，形成了养老金收支缺口。

由于社会保险基金的筹集已经进入国家保障制度和预算体系，具有类似税收的强制性的特征，所以，目前我国很多省市的社会保险基金筹集工作主要由税务机关承担。税务机关根据社保管理中心所提供的应缴情况，向用人单位进行统一收缴，并将收缴的资金存入社会保险基金财政专户。社会保险基金管理机构需要事先对本年度的收支情况进行预算，并将预算

分解到各个不同层级分别统筹，按照险种分别确定资金筹集标准。我国社会保险基金实行社会统筹与个人账户相结合的方式，就征缴模式而言，我国主要采取社会统筹缴费的方式，根据社会保险项目分别制定具体的缴费办法，通过用人单位统一对劳动者进行费用收缴，未在用人单位的社会成员，可自愿向当地社会保险基金管理机构申请个人账户并缴纳相应的社会保险费用。根据资金来源的组成，可以具体划分出资金的筹集渠道，即国家的财政预算资助、用人单位的缴纳、社会参保成员的个人缴纳、基金投资运营的增值和社会捐助以及社会福利彩票收入。

社会保险所有参保人，只要满足社会保险规定的保险费发放条件和累计缴费年限，就可以享受社会保险的待遇。根据险种的不同，相关规定也有所差异，例如参保人若参加社会保险中的基本养老保险，只要达到法定退休年龄时累计缴费已满15年，即享受按月领取基本养老金的权利，所领取的基本养老金包括国家统筹账户和个人账户两部分。再以基本医疗保险为例，在偿付的过程中，不但要符合社会保险的一般条件，即累计缴费达到国家规定年限，还应满足基本医疗保险基金支付的医疗费用范围。由于我国处于城市化进程的高峰期，人口流动频繁，相关制度在基金的支付中还特别定义了"转移支出项目"，即转移支出是指社会保险对象跨统筹地区流动而转出的基金支出，这一制度安排对于满足我国劳动力人口流动性大的特征具有重要意义。从每年春运期间的客流量可以看出，我国劳动力农村异地务工人口数量庞大，这部分异地务工人口的社会保险费用支付是基金支付过程中非常重要的问题。因此，转移支付作为一种支付手段，发挥着社会统筹的作用，同时扩大了社会保险基金的支付范围。转移支付主要由三种形式构成，即横向转移、纵向转移和横纵结合，结合我国国情和具体实践情况，横纵转移相结合的方式更加高效。各地方社会保险基金管理机构在披露基金财务状况时，更要对转移支付的数额进行详细披露，根据各地方社会保险基金转移支付金额，推算出各地方社会保险基金的收支差距，为国家财政预算体系中的社会保险基金收支预算提供有效而及时的参考。

随着我国国民经济的发展，社会保险基金支出呈逐年增加的趋势，无论是支出总额还是人均支出均有大幅度的增长。社会保险基金支出占社会保障总支出的比例更是不断增大，而且社会保险基金的收入的增长速率小于其支出的增长速率，这也是支出所面临的最大问题，若不进行有效调整，则收入与支出的资金缺口将不断增大，加大了社会保险基金偿付能力风险。

这一问题的形成，一方面由于社会保险基金的收入端增长滞后，另一方面则由于社会保险基金支出的分配缺乏有效性，当前最突出的表现为部分社会保险基金的统筹层次较低。在资金的支付过程中，由于地区平均收入水平、市场物价水平、人口总数以及经济发展程度等因素存在差异，因此国家统筹资金部分显得尤为必要和重要，尽管从总体收支情况来看，收入要大于支付的水平，但具体到各个地区，则资金结余和收不抵支的现象均有存在。这就需要通过全局性或区域性的合理统筹，将结余资金调用于弥补资金的缺口，从而实现社会保险基金整体的收支平衡。但是由于社会保险基金的统筹层次较低，不能满足较大范围内的资金收支平衡要求，导致资金结余的地区将其存续使用，而资金支付出现缺口的地区则扩大财政开支来自我弥补，形成恶性循环，加重地方财政压力，也加大了社会保险基金偿付能力风险。2011年实施的《中华人民共和国社会保险法》并没有对每个社会保险项目的统筹层次作出明确的规定，资金偿付过程的统筹层次仍是制约资金有效分配的障碍，相信随着法律细则的完善，这一问题能够得到合理的解决。虽然我国人口总体年龄结构还比较年轻，城镇职工基本养老保险制度也还是大约"三个人养一个人"，但是社会养老保险基金的偿付风险也预示了危险的征兆。我国基本养老保险基金也确实面临着其他不利于财务可持续性的现象：基本养老保障制度覆盖面继续扩大，但遵缴率（缴费人员占参保人员的比例）却逐年下降，非正常退休人员不断上升，基金财务偿付能力空前提高，支出增长率快于收入增长率。

（二）社会保险基金偿付能力风险分析

社会养老保险作为社会保险体系的核心部分，其资金缺口的端倪初露，也警示我国必须对社会保险基金偿付能力风险进行系统的分析，厘清其产生的原因。因此，本书根据社会保险基金偿付能力的实际情况，结合相关理论和文献，将偿付能力风险的主要来源归纳为以下几个方面：

第一，社会保险费征缴工作不力。参保人和参保单位的缴纳是筹集社会保险基金的重要渠道，这一渠道也最能体现出社会保险基金收缴过程中的强制性。目前，我国所采用的代际供养模式，一方面解决了退休及老年人口的基本生活问题，另一方面也为企事业单位减轻了财务负担，但该模式并非完全社会福利性质，而是讲求回报与付出对等的原则，在享受社会保险的待遇之前必须完成相应的劳动义务，这也就是收缴社会保险费用的强制性所在。2011年实施的《中华人民共和国社会保险法》也对用人单位和参保人的义务按不同保险项目分别作出了明确的规定，参保人和参保单位必须严格缴纳社会保险费，并满足享受社会保险的条件，方可享受相应待遇。尽管具备强制性，但在实际当中仍然存在很多问题。社会保险基金征缴对象的经济状况不佳是造成社会保险基金征缴困难的一个很重要的客观原因。我国自从由短缺经济进入到过剩经济以来，由于市场竞争日益激烈，整个经济社会的投资回报率不断下降。这样，在优胜劣汰的残酷竞争中，部分企业出现经营困难也就不足为奇了。对于那些经营现金流尚且不足的企业来说，缴纳社会保障费自然也就力不从心。而且，当前过高的缴费率无疑将提高企业的经营成本。在现行制度下，企业职工除了缴纳"四金"（住房公积金、养老保险金、医疗保险金、失业保险金）以外，还须缴纳个人所得税，而这些税费不管是以企业还是以员工的名义缴纳，最终都表现为企业的经营成本。仅从养老保险费来看，个人账户11%的缴费率加上统筹部分13%的缴费率，共24%的工资支出，这就相当于对企业额外增加了24%的增值税。一些企业用人单位为了降低企业成本、减少开支，压缩职工的保险费用；部分企业主管以权谋私，让非本单位职工享受单位保险待遇。还有企业在与员工签署劳动合同的同时，故意降低员工保险费用中企业应承担的部分，在逃避不成的情况下，企业可能转入地下经济，而各种各样的检查、督促则会增加大量的行政成本。另外，作为征缴机关的社会保险基金管理机构，在征缴过程中也缺乏足够的权力和有效的强制性措施，如没有强制性权力检查企业账目等。地方政府征收社会保险费的积极性也值得注意。地方政府曾是社会保险体系的管理者，且在大部分地区至今仍然是实际的管理者，而社会保险省级统筹的逐步推进必将使它们失去对社会保险基金的控制权。显然，在它们拥有对社会保险基金控制权的时候，它们有积极性向企业收取社会保险费；而在它们丧失对社会保险基金的控制权之后，它们的积极性将相应降低。

第二，社会保险制度的"隐性债务"问题。我国社会保险基金偿付能力风险偏高的主要原因是社会保障制度转制过程中产生的"隐性债务"。如果不采取措施控制"隐性债务"，社会保险基金将会慢慢丧失自我积累能力，削弱社会保险基金个人账户的积累能力，打击企业和职工参加社会保险的积极性，甚至可能退回到原来的"现收现付"积累模式。换言之，社会保险基金管理机构作为国家设立的经营社会保险基金的专门机构，与社会保险参保人的权利义务在时间上具有不对称性，即社会保险基金享受提前收取社会保险费的权利，未来保险合同事项发生之后才承担相应的赔偿或支

第五章　社会保险基金风险识别与分析

付社会保险费的义务；而参保人却不得不先履行社会保险费的强制与自愿缴纳义务，在保险合同事项发生时才能享受获得社会保险费的权利。如果社会保险基金偿付能力风险过高，参保人就有可能失去部分甚至全额未来社会保险收益，蒙受巨大经济损失，对整个经济的正常运行和社会稳定产生不利影响。因为社会保险基金的特殊性质，如果社会保险基金偿付能力不足而导致收不抵支，既会损害社会保险基金与政府的信誉，也加剧了国家的财政压力，都将极大地影响社会秩序和经济的可持续发展。

第三，在全球经济发展增速放缓的背景下，我国人口老龄化趋势日益明显，社会保险基金偿付能力风险加大。而劳动力作为生产力增加的三要素之一，对经济增长的影响效果是不言而喻的。随着物质文化生活水平提高，社会保险条件完善，平均预期寿命是不断提高的。在城市化的进程中，农业人口不断进入社会保险受益人范围。在难以避免的通货膨胀情况下，社会保险基金支出中，养老和最低生活保障的支出需求也是不断增加的。

第四，基金结余资金增值空间不大。基金投资运营的增值属于社会保险基金筹集过程中的"利得"部分，这里需要说明的是基金的投资运营增值。我国目前的社会保险基金制度属于"部分积累制"，即在满足当期需要而现收现付的同时，会出现一定的资金结余，作为社会保险基金的储备资金。这部分资金由于受到通货膨胀等因素的影响，存在贬值的风险，这就要求社会保险基金的管理部门对其进行保值增值的运营管理，合理投资就是其中的手段之一。同样考虑到投资风险的因素，对结余资金的处理大部分用于购买国有债券、股权投资和形成银行存款，小部分则投放于股票市场，并委托专业机构对其进行投资管理。参看国外对社会保险基金的投资管理，则主要用于股票市场的投资，并通过社会保险基金这一稳定的机构投资者促进股票市场的健康发展。而我国至今尚未形成较为成熟的以机构投资者为主的股票市场，股票市场的行情不能有效反映政策导向和经济发展水平，社会保险基金在股票市场的投资还存在较大风险。尽管相对其他方式股票市场能够带来更多的投资回报，但投资态度仍需相对谨慎。个人账户投资回报率过低在养老保险中表现得相当突出。由于个人账户是空账，即进入个人账户的资金没有被用来投资，而是被用来发放给现在的退休职工。个人养老金账户便成为一种名义账户，只是作为记账工具。在名义账户制度下，基金收益率是由政府规定的，不是实际的投资收益率，而政府并没有积极性多付利息或收益。政府压低收益率的好处就是降低支付负担，因为未来的支付额取决于个人账户中积累的资金的多少，收益率越高，支付额也就越高。但是，当社会保险基金收益率低于其机会成本（即参保人个人投资收益）时，参保人将更愿意自己投资以备年老之需，而不是投资于政府管理的社会保险基金个人账户，于是拒不缴费和偷逃现象也就产生了。相信随着我国股票市场的逐步成熟，机构投资者的主体地位不断确立，以及社会保险基金在股票市场投资运营的比重不断增加，基金投资运营的增值会为社会保险基金的筹集开辟出新的宽阔道路。

（三）社会保险基金偿付能力风险度量指标

社会保险基金偿付能力风险的关键问题就是如何量化，这也是社会保险基金风险管理与内部控制中的一个环节，即风险评估。对偿付能力风险进行评估的时候需要借助于很多度量标准，其中既有绝对数，也有相对数。

具体来说，社会保险基金偿付能力额度决定了偿付能力风险。社会保险基金偿付能力额度是指对社会保险基金收入与支出之间保持的容量进行度量，并保持一个适度额度，以降低偿付能力不足的风险，应对未来实际偿付大于期望偿付或实际收入时产生的损失，确保参保人的利益。

由于我国社会保险基金社会统筹账户仍然采用现收现付制，因此笔者结合相关文献设计一套与社会保险基金收入和支出相关的趋势性的相对指标体系，来度量社会保险基金偿付能力风险，主要包括社会保险基金偿付保障倍数、支付率、本期结余率和累计结余率，来描述社会保险基金偿付能力，即用相对指标来反映社会保险基金偿付风险。

由于我国社会保险基金管理模式与核算方法的特殊性，以总资产和总负债来反映偿付能力风险尚不成熟，因此在这个指标体系中，本书主要使用社会保险基金收入与支出及结余等指标。社会保险基金偿付保障倍数是指当期收入对偿付能力的保障程度，保障倍数越大，说明偿付能力风险越低，当保障倍数不断趋近于 1 的时候，说明当期收入与支出之间的结余越来越小，则风险越高，若保障倍数小于 1，则说明当期收入已经满足不了当期支出的金额，偿付能力风险已经转化为实际的预期外超支。但是保障倍数越高，说明可能结余的资金越多，如果不妥善地对结余资金进行管理，会出现结余资金闲置甚至贬值的风险。而社会保险基金支付率的指标含义正好与保障倍数相反，当社会保险基金支付率大于 1 的时候，说明社会保险基金偿付能力风险已经由未来或潜在的收不抵支转化为现实，这时社会保险基金本期积累率为负值，则需要从社会保险基金累计结余中弥补本期社会保险基金支出的不足，因此，社会保险基金结余率越高，说明即便当社会保险基金偿付能力风险转化为现实的支付不足，也不会影响到当期社会保险基金支付工作，很好地保障了当期社会保险基金的正常运转，但是社会保险基金管理机构要对当期社会保险基金偿付能力风险进行分析，以改善社会保险基金的管理运营，否则社会保险基金管理机构需要在高风险中负债运营，势必会加大政府的当期财政压力。社会保险基金的偿付能力风险指标过高，说明现行社会保险基金制度缺乏经济基础，未来将会发生收不抵支的情况，而过低的偿付能力风险则表明有大量的社会资源处在闲置和浪费的状态，只有将社会保险基金偿付能力风险控制在一个适度的范围内才能实现最大化的社会总效用。若社会保险基金收入没有降低而逐年提高，并在较长时期具有维持社会保险基金偿付水平，则表明偿付能力风险是适度的，反之则是不适度的。本书中社会保险基金偿付能力与基金偿付水平有着本质的区别，偿付能力可以定义为保持一定正常偿付能力的基础上提高偿付水平，才能发挥社会保险基金效用的实际功能。

三、社会保险基金投资运营风险的分析

目前我国社会保险基金面临两大矛盾，一是日益增长的养老保险需求与社会保险基金巨大偿付能力风险的矛盾，二是社会保险基金日益增长的保值增值需求与当今社保体制制约投资效率的矛盾。两大矛盾相互联系相互制约，偿付风险的解决需要投资效率的提高，而投资的方向与回报也依托于偿付风险的量化。我国社会保险基金偿付能力风险与投资风险的并存，为社会保险事业的持续发展埋下了隐患，是有可能导致未来社保制度财政崩溃的最重要因素。

（一）社会保险基金投资模式

按照立法机构和政府部门的相关规定，我国社会保险基金中，只有全国社保基金可以用于资本市场投资，其投资原则主要有以下几点：第一是安全性。由于全国社保基金主要功能是维护社会的稳定和退休职工、病残职工基本生活的未来保障，所以安全性是社会保险基金投资的首要目的。第二是收益性。由于我国社会保险基金面临着越来越大的支付压力和通货膨胀的无形侵蚀，以及未来几十年间的资金缺口，使得社会保险基金偿付

能力风险不断加大，要求社会保险基金在确保安全性目标的基础上，积极追求基金资产的增长，即基金增值。第三是流动性。流动性原则主要是针对基金的现实或未来的偿付义务而提出的更为深入的目标。目的是使基金的短、中、长期投资与基金的支付期限相匹配，既注重中、长期投资资金的积累和增值，也要注重短期投资的及时变现和支付，控制偿付能力风险。第四是社会性。社会保险基金是除了应该具有其他基金追求高收益的特征外，还应该注重投资的社会公益性原则，保障所有参保人和利益相关者的权益，体现政府的政策导向，促进经济增长的同时有利于整个社会的稳定发展。社会保险基金的功能决定了其投资原则的排列顺序是：安全性、收益性、流动性、社会性，即在保证基金安全的基础上提高基金的收益率，保证其流动性和社会性需要。全国社保基金理事会成立于2000年，系国家战略储备基金的管理人，主要资金来源包括中央财政预算拨款、国有股减持划入资金等，用于弥补今后人口老龄化高峰时期的社会保障需要，并不用于当期养老金发放。在国家层面的养老金入市制度的空白下，此前已有部分地方政府将中央财政下拨的部分个人账户补助资金，委托给全国社保基金理事会进行投资运营。

从安全性、收益性的角度出发，可供社会保险基金选择的投资工具与一般基金并没有本质上的区别，都是在控制投资风险的同时追求收益的最大化。全国社保基金和地方社会保险基金投资工具主要有银行存款、政府债券、企业债券、公司股票、委托投资和产业投资等。

《中华人民共和国社会保险法》中明确指出，社会保险基金必须在资金安全的前提下，按照国务院的相关规章制度进行投资运营，以实现保值增值。由于社会保险基金根本作用在于保障人们的基本生活需要，而不是为了集体投资并从中获取回报，因此"保值"是社会保险基金投资运营的出发点和落脚点。

随着社会保险基金结余部分金额的不断增加，如何安全高效地进行投资管理则成为一个重要课题。目前，我国社会保险基金按照投资运营方式的不同，具体分为直接投资和委托投资两个部分。从投资的具体项目来看，包括风险很小的银行存款、风险较小的债券投资、具有一定风险的股权投资和风险较大的股票投资。由于风险较大，社会保险基金的股票投资备受关注，因其正确的政策把握和准确的政策预期，其在股票市场的投资具有一定导向作用。下面，将根据各投资方式的风险大小不同，具体分析各投资方式的特点。

第五章　社会保险基金风险识别与分析

　　银行存款是社会保险基金结余资金管理过程中风险较低的方式，通过银行存款相对稳定的利息收入，实现社会保险基金的保值。银行存款是社会保险基金投资比例最大的一种投资方式，也是安全性最高、收益最低、流动性最好的投资方式。但现阶段通货膨胀使基金连最基本的保值目标都无法实现。随着社会保险基金结余部分的不断增加，银行存款在资金管理过程中所占的比重逐渐下降。从资金使用效率来看，尽管银行存款相对其他投资管理方式风险较低，但其资金利用效率同样较低。对于社会保险基金发展早期，社会保险基金实行现收现付制，资金结余量小，投资价值较低，这一阶段银行存款作为结余资金的主要保值方式较为适合。随着我国社会保险基金向部分积累制的转变，社会保险基金的结余资金不断增大，其投资价值不断放大，大量以银行存款的形式保管结余资金带来了很大的机会成本，降低了资金的利用效率。但并非一味降低结余资金的银行存款份额才为明智之举，因为在各种资金管理手段之中，银行存款的变现能力最强，能够及时变现以满足保险基金支出的需要。尽管银行存款在结余资金管理中的比重逐步降低，但不会完全缩减，必将在一定数额范围内趋于稳定，以满足社会保险基金支出的需要。

　　债券投资也是社会保险基金投资中风险较低的方式，尽管如此，对于债券的选择仍需谨慎。政府债券作为社会保险基金投资比例第二大的投资方式，收益率中等但是几乎没有违约风险。由于收益率固定，不随市场利率的变化而变化，且期限一般较长，存在一定的变现难度，应对通货膨胀的能力也较弱。企业债券一般比政府债券收益要高，但是要承担更高的违约风险。企业债券主要有公开发行和非公开发行两种。一般来说，公开发行的企业债券流动性较好而收益较低，非公开发行则相反，承担较高的变现风险。债券投资的特点是回报稳定，但收益较低，变现能力较差，对被投资单位的信用程度和支付能力要求很高。社会保险基金投资过程中最重要的就是保证资金的安全，这就决定了在投资债券之前，社会保险基金会和委托投资经理人要严格、准确地对被投资方的偿还能力进行评估，对偿还能力或信用评级不符标准的债券不予以投资。目前，社会保险基金持有的债券为中央或地方政府、大型国有企业和金融机构所发行的债券，也包括部分国外发行的全球性证券。社会保险基金投资过程中，在保证其变现支付能力的基础上，适当地持有一定数额的债券，一方面有利于社会保险基金的保值和增值，另一方面能使资金充分利用到国家公共事业和企业发展壮大的建设之上。

股权投资作为社会保险基金投资运营中的主要方式，也是基金中长期资产配置计划的组成部分。股权投资主要用于具有发展前途的朝阳产业或社会经济效益显著的国家重点建设项目，这既体现了社会保险基金投资的社会性原则，又能够带来较高的投资收益。但是由于这种投资方式仍缺乏制度制约，个别地方政府作为直接策划人或幕后支持者，抑制市场规律，会加大投资风险。

股票市场投资是社会保险基金投资过程中风险管理任务较重的一种，也是近年来备受关注的社会保险基金投资方式。公司股票是社会保险基金实现增值和收益性目标的重要投资工具，收益率较高但风险也较高，如果采取分散化的投资策略还是可以把风险控制在一定水平之下，同时得到较高额的收益。接下来，委托投资是基于基金公司对金融产品的专业性考虑产生的，基金公司往往会采用多种金融方法和计量模型来组合、优化社会保险基金投资组合。因此，委托投资与社会保险基金管理机构直接投资一样，具有风险低、收益高的特点，同时可以节省数额可观的证券直接交易费用，但却需要额外支付一定的管理费用，是一种比较中性的投资方式。目前，我国社会保险基金对股票市场的投资主要以投资组合的形式由管理公司来负责，这些管理公司均由专业性投资机构担任。委托管理公司座谈会也以例会的形式定期召开，通过座谈的形式围绕社会保险基金投资管理过程所处的环境、面对的挑战和发展前景等问题展开讨论，并研究相关举措。社会保险基金会还会对委托管理公司进行年度考评工作，通过实地考察，对管理人的内部管理和投资业绩等进行考评，督促委托管理公司持续提高投资绩效和履行受托责任。由于我国股票市场的发展尚处于起步阶段，机构投资者还未形成市场的明显优势力量，这些因素决定了社会保险基金在投资股票市场的过程中，要持相对谨慎的态度，不应完全效仿其他国家，即大份额投资于股票市场。因社会保险基金作为长期的机构投资者，外加其准确把握政策预期和市场走向的能力，其在股票市场投资份额的增加也将推动我国股市的稳定、健康发展。

因此，社会保险基金的投资原则与投资渠道是紧密联系的。在投资原则的指导下，社会保险基金采用多种投资渠道相结合的投资组合方式，可以同时保证安全性、流动性和收益性。但是，每一种投资方式都有各自不同的特点，风险也差异很大。在选择投资组合比重的时候就要着重比较每种投资方式的风险和收益情况，按不同的比例进行分配资金。所以，每一种投资渠道的特有风险和收益情况是本书要比较的重点。

（二）社会保险基金投资风险动因分析

如何更高效地利用资金实现多元化、市场化的投资，使其收益率高于通货膨胀率，满足保值这一最低要求，已经成为社会保险基金管理的重要课题。

应该说，现在社会保险基金贬值风险与投资风险是和现行社保制度不完善、统筹层次过低分不开的。现在社会保险基金在面临着增值和保值遇到困境的时候，就是安全性跟增值保值之间平衡的问题。

1. 地方社会保险基金投资政策限制

目前，地方社会保险基金结余金额在留足 2 个月的偿付金额后，允许购买特种定向债券。近年来，社会保险基金投资逐渐放开，并允许在境内外进行其他直接投资和各种形式的委托投资，但是仍然禁止投资于风险性较高的领域，追逐投资收益的运营行为被严格地控制。因此，这种投资限制制约了社会保险基金的保值增值。在具体实务中，社会保险基金制度实行个人账户与社会统筹账户相结合的"双账户"制度。根据个人账户设计的最初设想，其收益率将与工资增长率持平，不断滚存增值，以保证社会保险基金制度的可持续性。

具体而言，整个投资制度将采用信托方式进行，即各省成立社保基金理事会作为委托人，代表省内的社会保险基金领取人，通过市场化的招标方式，选择基金管理公司作为受托人，再选取大型商业银行作为账户管理人管理资产。以此结构形成对各方的制约，以保资金安全，使受托人——基金公司动不了钱，托管人——银行可以动钱，但不能做投资决定。然而，这套相对完善的方案尚未公开，即告流产。

2. 社会保险基金投资运营机构体系不健全

各地方社会保险基金多元化的管理体制形成了部门分割、地区分割、城乡分割、不同所有制分割的混乱局面。基金的多头管理必然导致基金投资管理体系的分割。由于当前社会保险基金管理机构不是分开运作的，根本无法在投资管理中实现相互制约，拥有社会保险基金支配权的管理机构将有权支配金额巨大的结余资金并用于投资，因此产生很多不合理或者效率低下的投资选择。在具体实务工作中，地方社会保险基金经办机构包括社会保险基金管理中心、社会保险局、社会保险处等机构形式，而社会保险基金分为五大险种，社会养老保险基金与失业保险基金分属不同的管理部门，而医疗、工伤、生育保险也由其他管理部门管理，各自机构之间独立经办业务，各个险种之间也独立核算，无法形成集中投资必须的资金规模。

同时，各省市地方政府既是社会保险基金投资委托人，又充当监管者，这样的双重角色在社会保险基金投资实务中已经出现了一些问题。由于专业资质和投资水平的限制，社会保险基金投资风险将不可控制。因此，我国不能将社会保险基金的投资权利下放到各级地方政府。在社会保险基金实现全国统筹的基础上，可以将结余资金委托全国社会保障基金理事会投资，也可以委托国家专门设立的资产管理公司投资。这样的投资方式也会产生一些问题，首先，如果没有一个高效透明的运作机构，模糊不清的结构中，社会保险基金管理往往会成为巨大的问题，管理积极性就肯定会受到影响。其次，如果将这部分资金集中交由全国社保基金理事会，各省政府和社会保险基金经办机构将会出现道德风险，影响各地方社会保险基金收入稳定增加。最后，全国社保基金由于多年的投资经验，获得巨大的投资收益，参保人都认为其投资已经成为黄金法则，不存在投资风险，导致全国社保基金有可能对是否能完成各地方社会保险基金保值增值任务信心不足。

3. 我国资本市场尚不完善

我国股票市场尚未成熟，投资风险较大。上市公司的公司治理结构尚未完全解决，公司管理层素质不高，信息披露也不充分。证券监管部门行政干预现象非常普遍，而鉴证机构、法律咨询机构、资质评估机构等社会中介机构还没有起到监督作用。这主要由于我国资本市场上的上市公司大多数是由国有企业转制形成的，在公司股权结构中的国有份额往往处于实际控制地位，也就是"一股独大"的情况。由控股股东任命的公司治理层和管理层则导致了公司"内部人控制"的局面，导致公司治理结构失衡，代理问题非常突出，许多上市公司被母公司或控股股东掏空，公司业绩普遍不佳。同时，我国资本市场发育尚未成熟，投资者产生较多的非理性投资行为，带有浓重的投机气氛，并严重依赖政府在市场低迷的时候出台相关政策。而机构投资者在数量和质量上均没有达到优质机构投资者的要求，尚不能发挥稳定与繁荣资本市场的功能。基金等机构投资者建立不久，运行机制不完善，特别是开放式基金最近几年才开始建立，市场中介机构不发达，在与上市公司的关系中处于不均衡状态，各种中介机构由于各种原因，在外部监督过程中也没有完全发挥作用，甚至协助上市公司进行舞弊。权衡利弊之后，只有实现中央政府对各种社会保险基金进行统筹规划，将全国社保基金与地方社会保险基金集中作为资金池，统一投资，以降低投资风险，提高投资收益。在现行投资管理模式下，全国社保基金要想实现保值增值，就必须建立完善的投资风险评估机制，建立预警机制，对风险进行应对。

四、社会保险基金会计控制风险的分析

我国社会保险基金事业发展迅速，同时也给社会保险基金风险管理和内部控制提出了更高的要求。会计控制作为社会保险基金内部控制的重要组成部分，在整个风险管理体系中发挥着重要作用，系统分析社会保险基金会计控制中存在的风险，对于及时反映和监督社会保险基金管理中的隐患和缺陷，提高我国社会保险基金收支管理和投资运营中的风险控制能力，促进基金持续健康发展至关重要。本书根据社会保险基金会计控制相关理论和制度，结合社会保险基金会计控制实务过程中的具体问题，对会计控制中的风险进行定性分析，风险分析主要分为以下几个方面。

(一) 制度方面的风险分析

社会保险基金会计制度是为了规范社会保险基金主体的会计行为，加强基金日常会计核算和财务管理，维护参保人和其他利益相关者合法权益的理论和法规性文件，是指导社会保险基金会计工作的具体内容。社会保险基金会计制度必须按照《中华人民共和国社会保险法》的规定，以相关会计理论为基础加以制订，具体包括社会保险基金会计政策、社会保险基金会计核算办法和社会保险基金财务管理制度，属于社会保险基金管理机构内部控制制度的组成部分等。

目前我国社会保险基金已经确立了基金会计主体。基金主体的资金运营目标、管理方式与非营利组织或者企业会计均有较大区别，如社会保险基金收支管理中采用统筹账户与个人账户的预算内外资金管理办法，其在资金投资运营中存在大量的委托代理关系，涉及的利益关系人较多等。因此，社会保险基金会计理论在会计目标、假设、要素构成、要素概念的内涵和外延等方面与企业、非营利组织会计理论均有较大差异。社会保险基金会计基本规范既不能套用企业会计规范，也不能套用非营利组织会计规范，而应有自己的一套理论和制度方法。但目前社会保险基金会计理论的研究成果极少。由于缺乏会计理论的指导，造成了一些基金会计制度上的混乱。

一方面，社会保险基金会计制度在设计层面存在缺陷，相应配套制度很不健全，而社会保险基金会计理论欠缺是导致制度不健全的重要原因，最终加大了会计控制风险。社会保险基金会计制度必须以会计理论为基础，使基金管理模式程序化和制度化。许多社会保险基金会计改革思路和方案，如社会保险基金偿付能力风险预警与分析、社会保险基金社会化发放、结余资金投资运营、社会保险基金多渠道筹资、保值增值金的形成与分配、国有股减持解决转制成本、开征社会保险税等会计实务，在现行的会计理论中找不到依据，也不能及时得到理论上的指导。但在实际工作中，多渠道筹资、社会保险基金运营、基金管理民营化改革进程迫在眉睫，将要或者已经成为无可厚非的事实，而相关理论研究滞后，与社会保险基金会计实务工作严重脱节。关于社会保险基金筹集方式问题，《社会保险费征缴暂行条例》规定，社会保险费可以由税务机构征收，也可由社会保险基金经办机构征收，理论上有"税论"和"费论"两种争议。由此可见，社会保险基金会计控制在理论上尚无定论，在实际工作中更常常不知所措。关于如何解决转制成本问题，理论界对通过国有股减持变现方式解决转制成本问题已基本上取得了共识，但对于具体怎样运作意见分歧很大。[①]关于地方社会保险基金进入股市的问题，在2011年我国资本市场的低迷并急需活跃资金支持前提下和全国社保基金投资历史成绩来看，地方社会保险基金何时进入股市在政策上已经获得有关部门的支持，但是整个投资活动没有在会计理论和制度层面反复论证过，很多具体问题都没响应政策规定，尤其是对于社会保险基金投资风险的预警机制与资产安全的保障机制在理论上和制度上都没有成型的模式。

另一方面，从我国已经制定并执行的社会保险基金会计制度来看，在执行与反馈中还存在很多风险。可以说，在《社会保险基金会计制度》《社会保险基金财务制度》（1999年由我国财政部、财政部、劳动保障部联合颁发）、《社会保险基金投资管理暂行办法》（2001年12月）颁布之前，这一体系还是处于比较粗放的状态。自社会保险基金会计制度建立以来，由于我国社会保险基金的转制成本问题和当前投资管理模式问题，加上社会保险基金管理机构与人员对会计制度的不同理解、工作态度和方法的差异，

---

① 财政部牵头制定的《减持国有股筹集社会保障资金管理暂行办法》2001年6月刚出台，仅过了4个月，就被我国证监会予以否决，我国证监会已于同年10月22日发布公告，暂停新股发行和增发过程国有股减持工作，至今未形成统一的理论和相关政策。

第五章 社会保险基金风险识别与分析

社会保险基金会计控制始终存在着与社会保险制度改革发展和会计实务问题相适应与相协调的问题。随着我国经济的不断发展，社会保险的保障范围不断扩大，企业、个人和国家收入的规模在增大，社会保险基金增长的幅度也在提高，同时，由于社会保险基金积累规模的扩大，导致会计控制风险加大。而且从理论上讲，个人账户还应具有获取投资收益的功能，而"空账"就根本谈不上作为资本营运的收益性。因此，这种现象，实际上也是对个人账户的一种利益损害。就后者而言，更多的表现为，在会计核算时出现少计基金利息收入、少报基金收支、转移基金收入等。一些地方政府将社会保险基金或用于市政建设，或用于扶贫投入，或用于下岗再就业工程，或是将社会保险基金用于经办机构经费补助支出，用于平衡财政预算。产生这一现象的原因很复杂，除了其他因素外，会计制度在内部控制体系中执行不力是一个重要影响因素。

社会保险基金会计制度工作是反映社会保险基金流动过程、基金经营主体经营管理过程的理论基础和法规支持，是整个社会保险基金会计工作的立足点，是事务工作能否科学、系统和完整的基础。因此，社会保险基金会计制度的制定、修订和执行，对进一步健全我国社会保险基金会计控制体系不仅十分必要，而且对于防范社会保险基金管理过程中的各种风险、保障社会保险基金作为实现社会政策目标的经济基础，都具有非常重要的意义。在社会保险基金会计控制体系内，各种业务和利益关系错综复杂，基金管理机构和人员必须需要经常对会计控制业务进行调整，进行风险分析和规避。

（二）会计主体方面的风险分析

本书主要以社会保险基金会计控制目标为出发点，重点从会计控制主体角度来分析社会保险基金会计控制环境。在实际会计工作中，之所以选择某种程序和方法，而摒弃其他程序和方法，总是基于一定的动机和理由，而对动机和理由的追溯就是会计目标。社会保险基金会计控制也是为了一定的目标服务的，目标的混乱也将使得控制缺乏正确的导向。我国实行的是统账结合的部分基金积累制，统筹账户实行现收现付制，资金主要用于当期支付，只有少量积累，该账户更注重资金的流动性，而流动性与收益性成反比，因此统筹账户基金的运营适合于低风险的固定投资，会计控制的目的就是反映和监督统筹账户的短期偿付能力，并对其账户流动性进行监控；与统筹账户不同，个人账户实行积累制，主要用于未来社会保险基金的发放，更加注重资金的保值增值，因此个人账户的会计控制主要是核算和监督资金的长期偿付能力和投资是否适合于多元投资以分散风险并实现基金的增值。然而现阶段，统筹账户与个人账户的混账管理，使不同性质和会计目标的账户交织在一起，为基金管理者的过度投资提供了可乘之机，基金管理者可能不会分别对不同账户在不同时期的偿付能力进行财务数据分析和测试，还会背离不同账户的收益需求，盲目追求利益最大化的目标并加大社会保险基金运营风险，给社会保险基金的安全完整以及以后的偿付能力埋下隐患。会计控制目标混乱很大程度上是由于对基金管理者的界定不清造成的，换言之，就是社会保险基金会计控制主体的多样化导致的。而模糊的会计主体会使社会保险基金在会计控制活动中无法确定责任方，在监督过程中也无法准确对会计主体进行再控制，这将使社会保险基金会计控制面临严重的风险。

　　会计主体是会计理论的基本前提之一。会计主体，是指会计所涉及的或为之服务的一个特定单位。会计主体的界定就是要界定会计核算和报告的空间范围，这是进行会计核算工作的基本前提。就社会保险基金而言，其经营主体同时成为会计主体。国外社会保险基金会计主体的主流模式是基金主体，即以社会保险基金为会计主体，如德国的州立社会保险基金会计主体、行业性社会保险基金会计主体，美国的社会保险信托基金会计主体等。不同于企业会计以企业自身为会计主体，我国社会保险基金会计以其基金为会计主体的主要原因如下：一是社会保险基金要按规定发放给受保人，并不留存于经办机构，经办机构只具有社会保险基金的管理权，而不具有处置权。所以社会保险基金在运行过程中会形成其自身的资产与负债，与社会保险基金管理机构无关。二是社会保险基金的所有者是广大参保者，而不是社会保险基金管理机构。以社会保险基金为会计主体，确认其资产、负债、收入、支出以及结余，有助于保护社会保险基金的独立产权，从而保护广大参保者的利益。三是参保者将社会保险费缴给政府或相应机构，就将自己与之相关的社会保险事项委托给了他们，政府与经办机构就接受了参保者的委托，以社会保险基金为会计主体，也便于反映这种受托责任，明确参保者、政府和机构的权利和责任。

（三）预算控制方面的风险分析

　　一般来说，社会保险基金的会计核算应纳入政府预算会计体系中，财务报表也应纳入政府会计报表体系中，也便于政府统一编制预算。社会保险基金单独核算，不利于对政府的基金预算进行全面反映，应把社会保险

第五章 社会保险基金风险识别与分析

基金的会计核算纳入政府会计的核算体系中。我国社会保险基金的运行主要包括资金的筹集、支出和投资三个部分。在这些过程中，为了要达成特定的目标，并且顾及整个资金活动的每一个环节，首先必须做好预算控制，借以约束与监督，让资金的运作符合预定的目标或成果。我国社会保险制度起步较晚，财务资源还比较有限。在这一背景下，做好基金预测与预算、预算执行与控制，预算绩效分析等，都尤显重要。但是，从我国现阶段社会保险基金预算控制情况来看，这一环节存在很大风险。

从预算的重视程度来看，在我国现行的社会保险基金会计控制体系中，基金预算控制目前尚处于"缺位"状态。一则，就我国的社会保险基金经办机构而言，在其核算内容上，并没有包含社会保险基金预算；二则，现有的社会保险基金经办机构也会做一些所谓的"预算"，但这种"预算"仅是在根据社会保险基金制度的实施计划、任务编制的经规定程序审批的年度基金财务收支计划，谈不上严格意义上的基金预算，更谈不上社会保险基金预算控制。因此，由此产生的负面效应是不言而喻的。从预算的层次上来说，目前社会保险基金核算方式各异：财政部门管理的社会保险基金中，既有作为基金预算资金核算的，也有作为社会保险基金核算的。从会计规范上看，同是财政部门管理的社会保险基金，进入国库管理的，按财政总预算会计制度规定核算；转入和存入财政专户的，按社会保险基金财政专户会计核算暂行办法规定核算。核算方法的不统一，造成财政部门难以提供清晰的社会保险基金会计信息，致使很难直观地了解社会保险基金的总体规模。从预算的制定来看，社会保险基金管理机构在会计年度结束前按照规定的范式，根据本年度预算执行情况和下年度收支预测，编制下年度预算草案，由人力资源和社会保障部门汇总报财政部门审核，上报同级政府批准后按批复执行。

社会保险基金管理机构在整个会计年度内执行预算，分析基金的收支情况，并定期报告预算执行情况。具体来说，首先，预算的编制以年度预算执行情况以及下年度基金收支为基础，下年收支预测缺乏科学的预测方式和方法，往往只是简单地对来年进行估计，而缺少科学合理的调研和判断，预算的编制也就缺乏了应有的合理性。其次，预算部门经同级部门批准，审核层次较低，没有独立的审核机构进行监督和管理，导致预算具有软约束的特点。缺乏有效的监督管理又会使得对本年度执行情况的分析有失公允，难以真正应对当前的基金管理和未来的资金需求。再者，在预算执行阶段没有及时地反馈和汇报，预算执行过程中的问题难以被及时发现和应对，更多的是事后处理，并未充分展现预算本身所具有的事前、事中、事后全程管理的天然属性，不能全面发挥预算的管理作用。最后，预算缺乏应有的激励和约束机制，年终没有系统地分析评价预算执行情况，不能做到"赏罚分明"，既不能约束资金滥用、盲用的不合理行为，也不能激励妥善处理资金流向的科学管理行为，必然造成预算控制的"形至而实不至"，也没有充分发挥各级员工的工作积极性，造成了为预算而预算的恶性循环。

（四）会计核算方面的风险分析

社会保险基金会计核算作为整个会计控制体系中最重要的组成部分，负责地方社会保险基金收支管理中的会计核算工作，同时也负责全国社保基金投资运营的会计核算工作。目前，我国社会保险基金会计核算风险主要集中于会计核算确认原则和核算流程两方面。

1. 会计核算确认原则

社会保险基金会计核算确认原则采用收付实现制，会计记账方法采用借贷记账法。在社会保险基金发展初期，基金会计核算主要是记录收入、支出和结余，因此收付实现制是适用的，可以真实地反映基金的实际情况。收付实现制对加强基金管理能够起到积极的作用，但随着社会基金会计改革的深化，收付实现制逐步显露出明显缺陷，无法全面、准确、及时地记录和反映社会保险基金的财务状况，存在隐性债务，难以真实、准确地反映社会保险基金管理机构的预算完成情况。

对现行收付实现制社会保险基金会计核算在实务中存在的风险进行分析。

第一，现行核算确认原则无法全面准确地记录和反映社会保险基金的债权、债务情况，不利于反映和防范偿付能力风险。社会保险基金不能及时反映基金欠缴情况和隐性债务情况。这主要是由于在我国企业转制的过程中，很多企业经营困难，难以承担职工的社会保险费，即便有能力承担，很多企业为了降低经营成本而故意拖延或者不足额缴纳，都形成了社会保险费欠缴的情况。而这部分不能及时收付的资金实际上已经形成了社会保险基金应收款项，这种应收款项在收付实现制的情况下并不能及时和完整地反映。而且，社会保险基金中的个人账户中有大量的应计利息，只有在实际支付时才入账反映。这导致会计控制无法涵盖会计核算体系外的债权和债务，造成社会保险基金会计核算与会计信息无法全面准确记录和反映

第五章　社会保险基金风险识别与分析

基金真实情况，将造成基金未来收入不可估量的损失，加大了社会保险基金偿付能力风险。

第二，现行核算确认原则不能及时对个人账户收入登记入账，影响参保单位和参保人缴费金额的核算结果。由于收付实现制要求社会保险基金入账以收付时间为准，并不区分不同的会计期间。参保单位补缴多年欠费，社会保险基金管理机构仍然按照收款时间入账，会计核算记录则出现该参保单位的实际征收金额多于当月应征收金额，而应缴纳月份欠缴记录没有发生变化，严重影响了会计核算的准确性和及时性。而且，社会保险基金应收和应付金额由业务部门按照权责发生制进行核定，而实际收入和支出金额则由财务部门按照收付实现制进行核算，造成两个部门的口径不一致，欠收欠付问题成为会计控制的盲区，这样必然会影响社会保险基金管理机构征收欠费额度的确定，产生会计控制过程中的风险。

第三，现行核算确认原则不能反映政府现实财政补贴和未来支付义务。在我国现行收付实现制下，政府预算会计只反映当年的预算支出，不包括政府已经承担的未来支付的社会保险基金等信息。政府债务信息的隐性化，不利于政府的宏观决策和财政风险的防范，不利于政府受托责任的评价，也不利于对财政补贴和未来支付义务的管理和监控。自我国社会保险基金制度改革以来，政府以补助的方式偿还社会保险基金隐性债务，各地方社会保险基金支付遇到困难时，中央政府也提供了一定的财政支持。这种财政补贴的方式让参保人感觉不到政府财政对社会保险基金的实际补助，使得基金对非公有制参保单位和参保人的吸引力下降，不利于扩大社会统筹的覆盖范围。而且少量的财政补贴金额与政府应当在社会保险基金管理中承担的公共责任是极不相称的，现行财政补贴存在很大的随意性，缺乏制度规范，不利于形成偿付能力风险控制的长效机制。

第四，现行核算确认原则不能全面反映社会保险基金的投资运营中的风险和收益情况。收付实现制不能准确和全面反映社会保险基金投资成本，也不能及时确认投资收益和利息收入。随着社会保险基金投资运营范围的拓宽，资产的形态不仅仅是现金、银行存款、债券，还会有短期投资、应收票据、存货、长期投资、固定资产，甚至有无形资产等形态的存在，资产运营管理中将面临更多的风险，会计核算必须对业务进行优化，以便及时准确地反映和应对基金各项资产运营中的风险。但是在收付实现制的核算原则下，采用权责发生制核算社会保险基金会导致无法单独核算和管理隐性负债，将个人账户和统筹账户混合核算，并导致两种不同会计确认方法下会计结余的差异，不利于对这部分资金的保值增值的运营，还误导了会计信息使用者。

2. 会计核算流程

从社会保险基金会计核算流程来看，我国社会保险基金会计核算涉及很多政府职能部门，一般来说主要包括：税务部门、财政部门和社会保险基金经办机构。整个会计核算流程非常复杂，各地方的核算流程差异很大，在筹集、支付、投资运营和账户设置等会计核算业务中存在很多风险。

在社会保险基金的筹集环节存在主体的多元性，从宏观管理角度来看，不同征收主体的存在使得对社会保险基金筹集核算和监管难以形成统一的规范和标准，对社保费征收情况的审查难度也大幅上升；从微观代理角度来看，部分地区由税务机关代替社会保险基金经办机构征收，由于缺乏有效的激励和约束机制，加之代办业务不存在年终决算审查，税务机关作为受托人在保费征收过程中存在形式主义，对于逾期未缴、少缴或者漏缴的单位也并未大力追究；社会保险基金经办机构负责征收但不具备税务机关的强制力，导致其保费的征收困难重重。拿社会保险基金的征缴欠费管理来说，当参保单位未能按时或足额缴纳社会保险费时，业务经办单位或其负责人往往没有按规定执行催缴程序。在缴费核定环节，社会保险基金经办机构需要对参保单位送达的申报表和相关资料进行审核，根据相关规定确定参保单位当期应缴纳的社会保险费数额。然而，实际执行过程中，为了方便缴费，对于参保单位往往采用现报现核的方式进行核对，在此过程中往往只有业务经办责任人全权负责和核定，没有其他人员的核对和审查。如果参保单位与业务经办人员串通，通过给予经办人员一定的好处而少缴或漏缴保费，也没有相应的监管措施。社保费上缴难以足额落实，社会保险费用就必然达不到预期的征收计划，必然加大社会保险基金的偿付能力风险。

在支付环节中，我国社会保险基金实行"收支两条线"，筹集的资金要在基金收入户暂存，每月向财政专户转存，收入户月底无余额。基金支付时，由社会保险基金经办机构向财政部门提出申请，保金由财政专户转入支出户，再由支出户发放到退休人员的退休金存折。这项制度对于社会保险基金的收支管理起到了有效的监督作用。为保证社会保险基金收支管理的安全，还需要将经办机构的业务信息与财政部门的财务信息进行核对。然而，实际运作中由于行政层级的制约，经办机构难以实现与财政部门的财务核对，往往出现"财政专户、财政专管"的现象。这样一来，若账务出现偏差，将难以核实改进，经办机构的直接管理主体地位也将遭到冲击，财政部门的监督管理作用也难以完全发挥。

结余资金环节中，以收付实现制为社会统筹账户的会计核算基础，这符合社会统筹基金的特点和预算会计的要求，但历史原因和参保人个人缴费情况、个人账户基金核算要求实行权责发生制，将隐性债务纳入会计核算流程中。特别是全国社保基金作为未来偿付能力的有力保障，宗旨就是应对隐性债务可能对我国经济造成的不利影响。而对隐性负债的遗漏低估了未来的财务风险，既不利于社会保险基金经办机构和投资运营机构的激励与约束机制的良好运行，也不利于社会保险基金的健康运营，难以真正实现社会保险基金的风险规避、保值增值。

在会计账户设置方面，尽管近几年社会保险基金纳入财政专户实行收支两条线管理后，已经取得积极成效，基金的安全性与完整性有了可靠保证。然而，由于企业制度改革的深化，经济结构和市场经济的作用，各个地区、部门在这方面工作进展并不平衡，基金在收缴运营中也存在不少矛盾与问题，具体表现在：社会保险基金纳入财政专户的比例不高，收缴缓慢，截留坐支现象也很严重；财政专户存款存在对账难的问题。财政专户由各级财政部门和各级社保部门同时记账，但是由于未设统一的二、三、四级明细账，财政部门的专户收入中包含多级、多种收入来源，如果同级财政部门在记账时不将专户内的各类明细划分清楚并全额递交社保部门记账的话，社保部门和财政部门同一账户的记账金额很难一致；财政部门操作财政专户手续过于繁杂，难免发生拖欠现象。社会保险基金经办机构对应财政两个职能部门，财政内部一个管审核，一个办转账，这在时间上难以保证基金顺畅拨付，难免有拖欠现象的出现，这必定影响社会保险金的及时发放，也不利于省级统筹调剂金的及时上缴。

而社会保险基金会计账户则是对会计流程各个环节的集中体现，对社会保险基金会计流程的重新梳理，必然引起社会保险基金会计账户的优化。在社会保险基金会计账户的银行存款账户中分别有"收入户""支出户"和"财政专户"三个账户，这种会计核算制度在社会保险基金会计核算制度形成之初顺利实现了社会保险基金收支两条线的事业单位的会计核算管理。按规定"收入户"是用于核算基本养老保险基金存入国有商业银行收入户的款项，而实行税务机关征收基本养老保险费的地区，以及按规定经办机构可以不设"收入户"的，收到的基本养老保险基金各项收入直接划入"财政专户",不通过"收入户"核算。但是,这项优化流程的制度并没有被各地社会保险基金使用。随着时间的不断发展,社会保险基金业务的不断优化和调整,社会保险基金"收入户"功能的重叠使得其存在的价值也越来越引起社保理论界的争议。我国社会保险基金事业尚处于起步阶段,由于税务部门在税收征缴方面有着先天的法律、地位和经验优势,所以近几年在国家指导下,全国大部分省份陆续将社会保险基金收入的筹集管理交给税务部门来完成,而社会保险基金管理机构则负责按照其辖区内人员情况计算本期实际应筹集的社会保险基金收入,与年初的预算计划数进行对比和修正,将最终确定的实际应筹集的社会保险基金收入数报送上级财政部门审核,最后由所在地的税务部门负责实际征缴工作。这种制度同时保证了社会保险基金收入筹集的充分性和及时性。但是由于此时社会保险基金收入已经不需要经过社会保险基金管理机构的"收入户"上缴到"财政专户",特别是随着社会保险基金收入"费改税"的制度在全国范围内改革和推广,税务部门已经具备完全替代社会保险基金管理机构实现社会保险基金收入筹集任务并直接转入"财政专户"的能力,"收入户"继续作为主要核算社会保险基金收入的账户存在则已经没有意义。同时,要发挥社会保险基金预算制度的作用,就要建立预算金额与实际金额的差额对比核算制度,这就要求社会保险基金会计核算账户及账户功能要作出相应的调整和优化。而且社会保险基金个人账户具有追求利益最大化的内在要求,并划转到每个参保人的个人账户。但现有会计制度并没有按此设置会计科目,尚未建立基金利息的会计核算制度。

此外,社会保险基金会计科目按基金分类设置,导致会计核算科目杂乱,给会计管理工作增加困难;会计科目设置不完整,不能对社会保险基金运营业务、保值增值金分配业务进行核算,也不能对工伤保险基金、生育保险基金、最低生活保障基金等其他社会保险基金进行会计核算。

(五)内部审计方面

社会保险基金内部审计是社会保险基金管理机构本身对内部会计控制的再监督,是会计控制体系的最后一道关口,其对于管理机构整个会计控制流程、相关人员和会计信息系统的风险管理和内部控制评价至关重要。

由于我国社会保险基金缺乏预算控制,内部审计缺乏审计基础数据和比对数据。虽然目前我国各项社会保障资金都纳入了国家预算,但其安排的社会保障支出分散在行政费和各项事业费的有关科目中,并未实行专门

第五章 社会保险基金风险识别与分析

的预算管理。随着社会保障制度的深化和社会保险基金的日益扩大，数额巨大的基金留在政府预算之外，由其他部门掌握和投资，实质是形成第二财政，大大分散财政能够集中统一使用的财力。

相关部门对社保基金内部审计的意义认识不清，对社会保险基金内部审计的重要意义在舆论上宣传得不够。同时，内部审计人员认为社会保险基金内部审计工作量大，涉及内容多，审计没有达到预期的目的。由于部分社保机构内部控制制度不健全、管理不完善，加上社会保险基金来源渠道多、使用范围广、业务流程复杂等，社保资金在征收发放环节票据管理不严。在缺少相互监督制约的情况下，容易造成贪污冒领或挪用。同时，内部审计体系还缺乏必要的协调配合。内审部门与各职能部门对社会保险基金内部审计缺乏必要的协调配合。此外，内部审计人员的综合素质与审计事业的要求还存在差距。虽然在社保资金审计中也查出了不少的问题，提出了不少合理化的建议和解决的办法，但并没有完全达到审计监督的预期效果，有的审计决定并没有得到有力执行，这些都与审计人员的综合素质低有一定的关系。

社会保险基金管理机构对于内部会计控制流程的审计仅仅停留在对其规章制度的健全与否、相应内容表述的完整性方面进行监督，很难发现会计控制体系在实际运行过程中的缺陷和漏洞。如只检查是否具有不相容职务相分离制度，并没有真正考察实际工作中的任务安排情况。关于社会保险费的收缴往往被视为基金管理机构的关键控制点，内审部门往往并未深入探究执行情况而仅仅停留在文字表面，规章制定得好并不能代表其执行得好，在实际征收过程中，关键环节往往会出现单个或少数管理者全权负责的现象，缺乏对相关权利的制约机制。离退休人员冒领养老金、死亡不报是社会保险基金收支管理机构所面临的棘手问题，也是内审部门所要重点解决的问题之一。然而由于殉葬信息系统的不完善，殉葬信息难以及时反映、及时上传参保人员的死亡信息，导致内审部门无从下手。再者，内审部门独立性较差，对于离退休人员社会保险金资格认证的审查缺乏与相关部门的信息反馈和交流，没有充分认识风险，制衡作用难以发挥。同时，信息系统作为社会保险基金会计控制的手段，也是内审部门对会计控制进行监督的重要领域。信息系统能够提供及时有效的信息保证各部门各层级决策制定和信息交流，对于信息系统开发、系统的安全性、信息的安全性的关注也是内审部门的职责所在。在系统开发方面，一般来说，经办机构信息系统的开发均是采取外包形式，由专门的机构进行构建，业务采取外包的形式进行，这就意味着信息系统的维护和售后服务均由外部机构负责，那么内审部门难以评价信息系统的开发风险，这部分的风险分析容易产生空白；在实际操作过程中，不同人员具有不同的操作权限，各类权限的使用是否合理是很难通过事后检查来发现的，内审部门又不能做到实时监控，对于系统的运行就不能即时观测，因此，对信息安全度要求较高，一旦系统发生故障导致数据丢失，将给社会造成恶劣的影响。此外，对于信息的盗取，信息的储存、信息的输出怎样做到合理检查和监控均是困难的。

五、社会保险基金信息管理风险的分析

（一）信息制作阶段

我国现行的社会保险基金会计报表在会计信息制作和披露过程中还很不规范，会计控制风险较大。《社会保险基金会计制度》规定，各级社会保险基金经办机构将会计报表报送同级财政部门、主管部门和社会保险基金监督组织，并不用对全社会公开。另外，社会保险基金会计报表没有反映基金结余的明细情况，也没有反映管理机构或者基金管理公司管理费用的使用情况，没有表外披露的必要补充。目前来看，社会保险基金会计信息没有统一的会计报表，而人力资源和社会保障部门、财政部门、民政部门和社会保险基金管理机构都有各自的会计报表体系，而且信息使用者无法得到准确的社会保险基金会计信息。由于各地方社会保险基金会计报表的形式和内容相差很大，报表中的指标无法统一和汇总。这些差异致使现在无论哪个部门都很难十分准确地说清楚目前全国社保基金收支的真实情况。会计报告主体采用"基金说"，编制复杂，很难反映社会保险基金的总体状况，整体性、综合性不强；会计报告体系不利于社会保险基金会计信息的充分披露，信息质量不完整，信息使用者不能及时了解和掌握社会保险基金财务信息。

对于地方社会保险基金会计信息来说，我国主要是利用一些临时性的文件来指导各地社会保险基金会计信息报告工作，地方社会保险基金经办机构往往依据自身需要又出台了本地的政策文件,由于受自身利益的驱使，仍然执行地方社会保险基金经办机构制定的会计信息管理办法，其结果是对社会保险基金会计信息的可靠性和相关性都产生了很大影响。同时，全国社保基金会计信息制作也存在很多问题。全国社保基金是社会公民委托政府或有关部门管理的信用资金，其财务状况和运行成果关系到每个参保

者的切身利益和社会稳定。从 2001 年开始，全国社保基金理事会每年制作的会计信息主要包括总括情况、基金资产负债表、收益表、现金流量表和基金权益增减变动表及会计报表附注，比较全面地反映了基金的财务状况，使公众对全国社保基金的总体情况能有概括的认识。但是，会计信息的制作过程中往往会受到社会保险基金管理机构的影响。如全国社保基金投资运营和委托管理情况的监督主要是财政部会同人力资源和社会保障部负责，而全国社会保障基金理事会的法人代表就是前财政部部长，其他主要成员也是由两个部门的人员组成，国家审计署等其他机构没有正式被授权对信息制作过程进行监管，不利于信息的真实性，也严重影响了信息披露的相关性。

（二）信息披露阶段

社会保险基金的信托属性要求社会保险基金管理机构要与众多监管主体之间形成相互牵制、相互监督的关系。在社会保险基金运行过程中，各相关利益者之间的信息不对称现象大量存在，使社会保险基金在管理运营当中承受很大的风险。在这样的形势下，社会保险基金信息系统的构建和信息披露机制显得格外重要。我国社会保险基金外部监管主体对社会保险基金信息披露具有强烈的要求。社会保险基金外部控制主体主要有社会保险基金责任主体——政府、社会保险基金法规监管主体——立法机构、社会保险基金受益主体——参保人、社会保险基金利益相关者主体——资本市场投资者和社会保险基金外部审计主体——独立审计机构，等等。这些外部控制主体与社会保险基金有着密切的关系，都希望社会保险基金会计信息能够帮助其了解基金运行状况，评价社会保险基金的管理绩效，提高社会保险基金管理水平。然而，由于各自的经济利益以及在社会保险基金中所处的位置和角色不同，外部控制主体对社会保险基金会计信息披露的要求也不尽相同。政府作为社会保险基金的组织者，需要社会保险基金管理机构各部门，尤其是财务部门全面提供受托责任完成情况的有关信息。社会保险基金管理机构作为社会保险基金管理委托关系中的受托方，需要利用社会保险基金会计信息提供收支财务状况和运营成果方面的信息，进行分析和预测，以制订运营计划，选择相应投资方案。只有首先满足这些需要的目标，才能起到协调社会保险基金会计信息系统内外关系的作用。

立法机构作为社会保险基金法律制度的制定者，从制度上为社会保险基金管理实务提供理论支持,并从法律法规的角度对社会保险基金管理进行监督。参保人作为社会保险基金的主要提供者,同时是社会保险基金服务对象和受益人,既关注基金有效运转情况,又关心个人账户的安全和完整,需要基金管理机构为其提供基金收支状况、财务状况及个人账户投资情况的信息。社会保险基金作为资本市场上最大的机构投资者,其投资方向和时机都为其他投资者所关注。无论是短期对上市公司股价还是长期对上市公司治理都有很深远的影响。因此,资本市场其他投资者要求社会保险基金必须及时公开其投资信息。独立审计机构作为社会保险基金所有者——全体参保人委托审计基金经营情况的鉴证机构,要求社会保险基金管理机构提供可靠的会计信息,并对外披露。因此,这五大方面对社会保险基金会计信息披露都有强烈的需求,都在很大程度上从外部对社会保险基金管理运营进行风险控制。

我国社会保险基金缺乏严格的信息披露制度。目前我国社会保险基金信息需求者缺位,参保人作为社会保险基金最终的风险承担者,由于自身的弱势地位,在社会保险基金运转过程中无法行使对信息的知情权,更无法实现信息监督的作用。社会保险基金会计信息的披露是通过一种封闭的渠道进行的,一般的参保人根本不可能了解社会保险基金收支、运转的情况。这种封闭的披露渠道既不利于社会了解我国社会保险基金相关情况,也不利于对社会保险基金的监督和政策的更新。政府作为社会保险基金风险损失的直接承担者,并没有建立完善的基金管理信息体系,对基金运行情况进行全面的掌握和监督。在实际工作中,可以说地方社会保险基金信息披露机制尚处于空白,广大参保人也没有渠道获得个人账户的变化信息。相比之下,全国社保基金理事会披露的会计信息形式和内容比地方社会保险基金有很大改进,并有相关审计机构进行审计,但是信息披露相对滞后,而且一年仅披露一次,对于广大利益相关者迫切需要的社会保险基金投资信息并没有披露。这种信息不对称还非常明显地体现在社会保险基金投资运作上。由于社会保险基金所有权与经营权分离,这就出现了委托代理风险和信息不对称,社会保险基金委托人无法及时准确地掌握基金管理公司的投资行为,"逆向选择"和"道德风险"不可避免。同时,我国社会保险基金管理机构整体信息化建设水平还比较低,造成外部控制主体的监管手段落后,没有形成一套完善的信息化管理系统,社会保险基金管理机构、人力资源和社会保障部门、税务部门和财政部门之间信息传递冗杂,缺乏及时性和相关性,各部门所需要的信息也不甚相同,数据之间的口径也不完全一致。

六、社会保险基金外部控制风险的分析

根据前文对社会保险基金外部控制的定义和主要内容，本书将以信息披露作为主要的监管方式，从立法监管、政府监管、参保人监管、利益相关者监管和中介机构监管五大方面，对外部控制风险进行定性评估分析。

（一）基于立法监管方面

社会保险基金法律法规是社会保险基金会计理论纵深发展的结晶，是构建社会保险基金会计制度的法律依据。

从我国社会保险基金监管的立法机构的角度来看，全国人民代表大会作为立法机构，负责制定并审议《中华人民共和国社会保险法》的具体条款，通过建立并完善有关立法成果，明确社会保险基金各个相关部门、组织和人员的权利和义务。《中华人民共和国社会保险法》的颁布和实施，标志着我国社会保险基金运行的法律环境得到了进一步完善。该法作为社会保险基金管理运行的"白皮书"，对社会保险基金管理诸如社会保险费的征缴、经办、监督和法律责任等方面都作出了说明和规定。如在社会保险费的征缴方面，该法强调了基金征集的强制性，规定未办理社会保险登记的企业应由社会保险基金经办机构核定其应当缴纳的社会保险费。在社会保险基金的预算方面，该法规定社会保险基金按照统筹层次设立预算，且社会保险基金预算按照社会保险项目分别编制。在社会保险基金信息公开和监督方面，该法着重说明了社会保险基金有定期向社会公布收支、管理和投资运营情况的义务，以及国务院财政部门、社会保险基金上级行政部门、审计机关对社会保险基金的收支、管理和投资运营情况实施监督，并形成专项工作报告由各级人民代表大会常务委员会审议，社会保险基金检查，并定期向社会公布监督和检查的结果。因此，立法机构有必要对社会保险基金管理的效率和效果进行审查，进而促进社会保险基金的安全运行，维护参保人的切身利益。

《中华人民共和国社会保险法》对社会保险基金的各个领域都作出了政策规定，并纳入了国家法律体系，改变了以往社会保险缺乏相应法律保障的尴尬局面，为规范社会保险关系，维护参保人的利益奠定了法律基础，由此，我国社会保险基金正式进入执法阶段。完备的法律是加强社会保险基金监督的必要条件。然而，法律要充分发挥作用，还必须有相互制约的

监督机制相配套。当前，我国社会保险基金监管的问题之一是管理者与监督者合二为一，缺乏相互制约的监督机制。权力只有相互制约，才能充分发挥监督的职能。

在实务工作中，社会保险基金行政管理与经营管理如何分离，如何保证社会保险经营主体的独立性，现行的基础性会计法规如何指导社会保险会计行为，社会保险基金怎样投资运作以确保其保值增值，以及社会监督体系的建立，经营主体会计信息的披露等问题都不可能有效解决，一定程度上阻碍了我国的社会保险基金会计改革步伐。此外，缺乏相应的惩罚机制以及反欺诈的奖励机制，导致很多违法案件无从查处，对各种社保案件的惩处也不够严厉。我国现有社会保险基金法律体系严重滞后于经济社会的发展，基金运营监管制度设计中缺乏最基本的专门监督机制，对于基金管理机构科学有效监管的缺失以及市场退出机制等方面的法律规范的缺乏，在一定程度上增加了社会保险基金管理、运营的随意性和风险性，难以保证社会保险基金运行的规范性和合理性。立法的缺失必然带来监管之痛，使社会保险基金监督失控，违规动用社会保险基金以及贪污挪用就在所难免。

（二）基于政府监管方面

政府监督职能包括定期检查社会保险基金管理机构的运营活动，审核运营报告；对某些问题进行专门的调查；接受有关社会保险基金方面的投诉或申诉等。一般地说，政府的财政部门也要对社会保险基金进行专业监管，包括决定储备基金的管理、对中央以及地方的社会保险基金予以财务监察、审查预算拨款的使用情况等。政府部门的监管作用主要发挥在社会保险基金管理机构对法律、法规的遵守情况上，同时，在社会保险基金管理和统筹方面，中央政府赋予了地方政府一定的政策空间，地方政府可根据地区发展情况，在中央政策允许的范围内，自行出台社会保险基金监管办法，并予以实施和监督。

政府的外部监管职能还表现在对政府审计部门的支持上，政府审计部门作为社会保险基金外部控制的实施者，其工作的效率和效果一方面取决于工作人员的专业素质和职业道德，另一方面则是取决于社会保险基金管理机构的配合程度。而对于后者，政府的大力支持无疑是最有力的保证，这样既提高了外部控制的效率和效果，又会减少误会和摩擦。此外，政府还会聘请外部的精算、审计专家对社会保险基金的运营管理进行监督，促使基金管理机构进一步改进服务。

在实际工作中，政府监管风险主要来源于政府审计的过程中。我国社会保险基金政府监督管理模式就给政府审计带来了很大的风险。由于采用政府集中管理模式下的部门分散管理，我国社会保险基金由全国社保基金理事会和地方社会保险基金经办机构共同管理，不同层面的监督主体也呈现出多元化。行政监督在中央层次所涉及的机构主要包括人力资源和社会保障部、财政部、国家税务总局、中国人民银行、中国银行业监督管理委员会、中国证券监督管理委员会、中国保险监督管理委员会和基金托管银行；审计监督则包括审计署、人力资源和社会保障部社会保险事业管理中心监察审计处等；立法监督则包括全国人大、全国政协；社会监督包括参保单位、参保人、利益相关者和社会审计机构。其中有的部门如人力资源和社会保障部、财政部等，实际上同时兼有基金的管理和监督的职责。那么，从监督主体的非单一性来说，不同主体对社会保险基金的筹集、支出和投资运营有着不同的要求和度量标准，因此不同地区、不同监管部门委托会计师事务所对社会保险基金管理机构的审计难以得到统一的评价和认知，相互之间也不具备可比性。由于政府审计具有强制性，不仅有能力对社会保险基金进行事前、事中、事后的全程审计，还能在战略高度统筹对社会保险基金的监督管理，政府审计在三个层次的审计中至关重要。

然而，现阶段政府审计依然存在一些问题。由《中华人民共和国社会保险法》可以看出，我国社会保险基金实行的是属地负责的原则，即当地政府是社会保险基金责任主体；而管理主体则为地方社会保险基金管理机构，这些机构大多数属于事业编制，它们不仅承担了相当多的行政职能，而且与政府有着千丝万缕的联系，有的甚至就是政府的一个部门。社会保险基金管理机构的人员经费和业务管理费用由同级财政按照国家规定予以保障。那么从其经济权属角度讲，社会保险基金管理机构缺乏法人资产和独立经济收入，必然导致社会保险基金管理机构难以建立起有效的监督管理机制和风险控制机制。责任主体与管理主体的分离，造成权责分配不明晰，因此社会保险基金在地方或部门利益的驱使下，可能会被当作"准"政府预算资金支配使用，出现社会保险基金被截留和挪用等现象。那么，由当地政府审计社会保险基金丧失了审计的独立性，难以获得公平公允的审计意见，政府审计也难以发挥其监督管理的功用。

（三）基于参保人监管方面

各个层级的社会保险基金统筹地区由政府成立包括用人单位代表、参保人员表，以及工会代表、专家等组成的社会保险基金监督委员会，掌握和分析社会保险基金收支管理情况和投资运营情况，对社会保险基金工作提出咨询意见和建议，实施社会监督职能。社会保险基金管理机构应当定期或不定期地向社会保险基金监督委员会汇报基金管理情况。从社会保险基金参保人的角度来看，用人单位和个人有权查询缴费记录、个人权益记录，要求社会保险基金管理机构提供社会保险基金咨询等服务，对用人单位和个人缴纳的社会保险费使用情况进行监督。各地方政府应采取风险控制措施，鼓励和支持社会各方面参与社会保险基金的监管，加强社会保险基金相关信息公开化和透明化管理，使参保人更好地了解社会保险基金管理运行情况，从而加强了外部控制主体对社会保险基金的监督力度。我国社会保险基金参保人的法律意识和维权意识日益增强，非常担心缴纳的社会保险费能否在未来按时足额发放。参保人与社会保险基金管理机构之间是委托人与代理人关系，基金交由管理机构管理并要求基金达到保证偿付能力和保值增值的目的，使管理机构在参保人应享受社会保险待遇时可以有充裕的资金支付，要求社会保险基金管理透明化进一步完善，并及时向参保人公布社会保险基金偿付能力与保值增值能力等数据。

然而，目前对于广大参保人而言，社会保险基金管理机构并没有及时全面地将社会保险基金收入与偿付情况和投资情况等信息以任意方式通知每个参保人。参保人仅仅了解其缴纳的社会保险费金额，对用人单位缴纳金额和国家财政补贴金额都无法获知，对个人账户和统筹账户的投资收益情况更是无从知晓。所以说，社会保险基金参保人只知道基金管理机构受托管理他们未来生活的收入来源，却很难知道这笔钱是如何被管理及其管理效果如何。即便社会保险基金管理机构会按年度公布部分社会保险基金信息，但是信息不但非常滞后还很不全面，并且信息的可理解性和相关性都非常低，甚至当参保人未来生活保障已经不能兑现时依旧无法识别风险。

大部分参保人只是关心社会保险基金管理机构承诺的未来偿付金额、偿付方式以及个人缴费过程，却对社会保险基金如何实现保值增值能力并不去全面了解，更没有对社会保险基金偿付能力和投资情况进行实时跟踪和分析。我国社会保险基金立法机构在推行社保制度时也并没有着重强调社会保险基金运作流程及实现承诺的途径，现行制度也并不涉及参保人知情权的保护及拥护政策。这都造成了参保人这一个非常重要的社会保险基金外部控制主体地位的缺失，使社会保险基金管理运行中承

第五章　社会保险基金风险识别与分析

受很大风险。

（四）基于利益相关者监管方面

从利益相关者的角度来看，一般情况下，广义上的利益相关者应该指包括参保人在内的一切与社会保险基金发生利益关系的主体，但是狭义上的利益相关者特指与社会保险基金管理间接产生利益关系的利益相关者，而不包括参保人这样的直接利益相关者。资本市场上的每个自然人投资者虽然也是社会保险基金的缴费人，但是他们更关注社会保险基金在资本市场上的投资收益和风险，甚至依靠其投资方向而获得自己的投资收益，因此，每个投资者既有分享社会保险基金投资信息的权利，也有对社会保险基金的投资方向进行监督的义务，这一特殊的群体即社会保险基金利益相关者。随着社会保险基金投资股票市场的份额不断加大，社会保险基金在股票市场的角色逐渐转变为稳定的机构投资者，这对促进我国股票市场的健康发展发挥着重要作用。现阶段，我国的机构投资者还未在股票市场占据主导地位，市场还不成熟，散户投资者的政策预期和价格把握能力还趋于弱势，因此，需要一些资金实力雄厚、长期稳定持有、社会责任感强的机构投资者对股票市场的支持和健康引导，社会保险基金就是其中之一。社会保险基金持有股票也倍加为受利益相关者所关注。利益相关者认为：由于社会保险基金作为资本市场中的"国家队"的特殊属性，若是某个上市公司的股票被社会保险基金所持有，则其或者符合我国宏观经济政策调整方向，或者是具备很大企业价值上升空间的绩优股，或者是对投资风险较低的蓝筹股。一般来说，社会保险基金对资本市场走势把握很准，其投资组合可以在控制风险的同时，将投资收益最大化。

通过对社会保险基金投资运营的长期观察来看，其投资也不是在每个投资组合都会产生投资收益，资本市场整体低迷也会使其投资收益迅速下降，甚至为负数。而且有些时候社会保险基金投资也会有"失控"，比如大盘走势比较好的年份，会经常在风险本身非常高的时候追加投资。由于社会保险基金投资一直属于"暗箱操作"，投资名单和投资时间等信息都没有对外披露，因此社会保险基金利益相关者有强烈的意愿通过信息披露来对其投资运营进行了解和监督。投资者通过分析社会保险基金所持股票的走势和所在行业的发展前景，对社会保险基金的股票投资进行评价和业绩评估，进而可以与社会保险基金投资报告中的数据加以核实，结合资本市场与社会保险基金管理的互动，来说明利益相关者如何间接地发挥其在社会保险基金外部控制中的作用。对于为了在资本市场获得投资收益目的的纯粹投资者，社会保险基金信息披露程度直接关乎其投资收益。资本市场上的广大散户投资者不仅是社会保险基金缴费人，更可能与社会保险基金一同作为某一公司的股东。然而，我国社会保险基金的股票投资信息只能通过各只股票的财务报告中"十大流通股股东"得知，广大利益相关者难以直接有效获得相关信息。

具体来说，全国社保基金理事会负责全国社保金的筹集、发放等管理，社会保险基金群体作为受益者没有选择代理人的机会，也即对全国社保金理事会的影响力为零。当然，如果想要了解全国社保基金相关信息，可以在全国社保基金理事会网站上搜索相关资料和信息，但前提是要在对全国社保基金有所关注的情况下。

如果说对于基本养老保险基金，社会保险基金受益群体作为基金参保人和直接受益人还有一些关注的话，那么作为远期战略储备而存在的全国社保基金则由于远期受益而一直被遗忘。反过来看，正是由于利益相关者对于社会保险基金会计信息需求意识淡薄，社会保险基金会计信息制作和披露体系才发展缓慢。从企业会计发展的经验可知，正是由于企业外部各利益相关者（包括投资者、债权人、经营者、员工、政府和客户等）对企业经营管理行为等的关注，才有了今天比较完善的企业会计体系。

（五）基于外部审计方面

社会保险基金外部审计是社会独立的第三方中介机构等社会团体，对由委托给政府行政事业单位和部门管理的社会保险基金财务收支和投资运营情况和信息的真实、合法和效率进行的审计监督。社会中介机构是介于政府与企业、社会利益群体之间的各类社会组织，主要的功能为社会服务、沟通、公证、监督和市场调节等。具有代表性的中介机构有：会计师事务所、审计师事务所、律师事务所、行业协会和评估行等。因其具有特殊的第三方身份，在很多事项和交易等过程中，充当"见证人"和"裁判员"的角色。因此，在社会保险基金外部风险控制过程中，对社会中介机构这样的非直接利益者的有效利用，能够及时发现并弥补社会保险基金内部控制中的风险因素。社会保险基金外部控制要由受政府委托的社会中介机构来承担，这也要求中介机构派出的外部控制实施人员应具备较强的审计专业素质和职业道德，应准确定位自身在审查过程中的角色，本着对受托责任负责的态度，认真完成审计工作。在审计过程中，社会中介机构必须严

第五章 社会保险基金风险识别与分析

格按照合同中委托的事项完成，不得擅自扩大和缩小审查范围，及时对外披露相关信息，但是不得泄露信息系统中的个人信息。社会中介机构只具有执行权，对委托范围之外的事项产生疑问时，不得擅自展开审查工作，应上报政府部门并取得授权后方可进行。此外，因为这种外部控制具有一定成本，社会中介机构本身以赚取服务费用、营利为目的，加大了道德风险。所以，政府委托社会中介机构对社会保险基金管理机构的外部审计，应衡量相应的机会成本，应根据外部控制的重要性特征，应结合内部控制具体情况，对能够引发重大影响、存在重大风险的环节进行重点审计，逐步铺开审计范围。

社会保险基金外部控制的主要内容是社会保险基金管理全过程是否遵守了社会保险基金相关法律、法规和制度，对偿付能力风险和投资营运过程风险进行分析，并评价风险防范结果和增值手段的鉴证，最后对社会保险基金会计信息进行校对并及时对外披露。在社会保险基金将要大量进入多样化投资的同时，资本市场上的投资风险逐渐加大，尽快建立规范的社会保险基金外部控制系统。而社会中介机构审计所具有的独立性、鉴证、评价、监督职能，能够在很大程度上起到日常的、微观的以及基层的预警性或预防性监督作用，从而尽量避免社会保险基金管理宏观失控。一般来说，受政府委托的会计师事务所通过对地方社会保险基金与全国社保基金理事会的财务状况进行审计，以对社会保险基金经办机构、社会保险基金投资机构和委托管理公司的基金收支管理、投资运营与委托代理行为进行审计。实际运行中，地方社会保险基金至今没有聘请会计师事务所对基金收支管理情况进行审计，对偿付能力风险的外部审计缺失，外部审计力量仍无法涉及与社会保险基金收支管理相关的领域中，基金经办机构的管理绩效没有纳入整个社会保险基金外部审计体系中。全国社保基金理事会从成立之初就聘请会计师事务所，按照上市公司审计方式对其财务状况进行审计，并出具年度审计报告。但是由于年度审计报告当中包含的会计信息相关性极低，远远没有达到社会保险基金外部控制的标准和要求，而且一个年度为时间间隔的对外披露频率显然满足不了相关信息使用者的要求。具体来说就是审计报告过于简单，对于受托责任重大和资金量巨大的社会保险基金来说，其业务复杂程度远远超过一般上市公司。而外部审计鉴证报告无论从篇幅、内容还是形式来看，远远没有一般上市公司的年报更具有相关性，社会保险基金外部审计意见也不具备可复核性，相关数据和资料均没有可复查性。这种形式的社会保险基金外部审计将为社会保险基金收支管理和投资运营风险提供了滋生的条件。此外，外部审计委托主体还包括全国社保基金理事会委托的基金投资管理公司，基金投资管理公司委托会计师事务所对自己的经营活动进行审计，这种审计的独立性受到威胁，存在"自我审核、自我监督"的弊端，难以发表公平公允的审计意见。

从社会保险基金外部审计手段角度来讲，相关社会保险基金的会计信息大多录入到计算机中，由会计信息系统集中处理社会保险基金收支管理和投资运营过程中的财务数据。一方面，社会保险基金收支管理中的基金经办机构、财政部门和税务部门等相关机构之间没有建立联网的信息系统；社会保险基金投资运营管理中的全国社保基金理事会与相关投资管理公司、基金管理公司也没有完整有效的信息系统将两者相联系。信息是隔断的，也就难以做到信息的及时传递与互通，实时监控和审计更是难以达成。另一方面，由于审计人员职业能力以及运用计算机审查会计信息的水平还较低，很大程度上还依靠手工查账的方法获取审计证据。如果不能有效的审查数字化信息，审计的范围也必将受到"限制"，这种限制是由其本身能力局限所导致，由此作出的审计结果也将会受到质疑。

第六章 社会保险基金风险控制的路径探索

第一节 构建偿付能力风险控制机制

一、建立偿付能力风险预警机制

为促进我国社会保险制度的设计合理、运行有效，国家应当建立有效的社会保险基金风险评估和及预警体系，运用科学的指标体系进行风险监测，并设置风险预警指标机制。[①]具体流程是首先建立关于警素（构成警源的要素）的普遍模型，然后进行预测，最后把预测值划分到一定的警限区间，再转化为警度，完成风险预警。为此，我国应当大力培养社会保险基金精算师，对社会保险基金偿付能力风险、投资营运风险等进行精算评估，开展风险量化管理和预警工作，定期向政府社会保险基金管理机构公布基金收支预测数据，作为制定社会保险政策的依据。

值得注意的是，对社会保险基金偿付能力风险的监控，不应当事后监督，而是在社会保险基金管理过程中就应当具备自检查、自修正的预警系统。由于社会保险基金制度在发展中因刚性增长等因素影响而潜伏着很大的偿付能力风险，这种偿付能力风险往往随着社会经济的发展而发展，从而迫切需要加强对社会保险基金财务危机的预警性或预防性监督，避免社会保险基金偿付能力风险可能导致的连带性的社会、经济和政治危机。如果缺乏有效的预防和监督机制、缺乏预警性或预防性的监督机构，将会导致整个社会保险基金风险失控，社会保险基金偿付能力风险加大，一旦危机发生则必然波及整个社会。

社会保险基金偿付能力风险预警机制应该从会计专业思维出发，重视资本运营和核算，对社会保险基金收入与支出的长期均衡产生决定性的影响，要对参保单位与个人的缴费水平、各级政府财政补贴能力和参保人缴费年限、退休后偿付率进行统一协调安排。对社会保险基金收支缺口的测

[①] 风险预警指标机制的建立一般包括四个阶段：明确警源（预警对象）、寻找警源（风险源）、分析警兆（出现风险的先导指标）和预报警度。

算作为风险预警机制的核心部分,也应该成为基金管理运营目标和相关制度建设的出发点,并且社会保险基金制度是需要用几十年的时间长期执行,这种测算必须要随时间而对测算结果调整。在具体测算时,由于假设其他条件在一定期间内的都控制在合理的变化范围内,再加上我国社会保险基金特殊的背景和统计数据的误差问题,在测算基金偿付能力风险时也没有剔除中央和地方政府对基金的政府补助,社会保险基金收入与支出理论数据往往与实际结果有较大出入。在对于类似社会保险基金等复杂经济问题的研究时,任何指标均有一定的缺陷,而且时间序列的预测和实际值往往存在一定差异。我国社会保险基金偿付能力风险预警机制必须建立在雄厚的人力、物力和财力的基础上,掌握偿付能力风险指标相关的所有数据,应用更为具体和复杂的模型。因此,未来的研究方向应该在社会保险基金风险精算的数理统计基础上,应用剔除政府补助等因素的全国各地方社会保险基金收入、支出和结余数据,引入工资水平、退休年龄和替代率等其他影响因素,对全国整体偿付能力风险的整体情况进行分析。

同时,还应按照面板数据分析的要求,对各地方社会保险基金收入、支出和结余数据进行提取,建立标准面板数据模型,对各地方社会保险基金偿付能力风险情况进行分析。

二、偿付能力风险控制措施

为了应对社会保险基金偿付能力风险,相关部门必须从制度建设入手,推动社会保险基金收入、支出制度更新,并加强基金征缴工作。

(一)改进社会保险基金收入和支出制度

现行社会保险基金收入制度规定社会保险最低缴费年限是15年。目前我国人口在60岁时的预期平均剩余寿命为16年,超过了最低缴费年限要求。此时,要确保社会保险基金偿付能力,在替代率水平固定不变的情况下,必须有较高的缴费率,这将进一步加重参保单位企业负担。实际上,我国社会保险基金参保人工作年限都已经超过15年,延长社会保险基金缴费年限具有很强的必要性和可行性。同时,目前社会保险基金缴费基础的缩小导致名义费率严重偏离实际费率,所以,社会保险基金缴费工资基数应当随着工资制度的改革而调整,将目前工资外的福利收入、非货币性收入纳入社会保险费征缴的范围内。此外,社会保险基金收入制度将社会保险基金投资限定过严,严重影响了社会保险基金的保值增值,因此,社会

第六章　社会保险基金风险控制的路径探索

保险基金管理机构应该稳健地加大资本运作力度。这一问题将在投资风险控制活动中详细介绍。

退休年龄和社会保险基金支取年龄是社会保险基金支出制度的主要内容。提高退休年龄，不仅意味着参保人领取社会保险基金的年限缩短，同时也意味着社会保险基金积累本利和的增加。在人口老龄化加速到来的今天，世界上许多国家都选择了提高退休年龄的做法。因而，为顺利度过老龄化高峰期，严禁提前退休并适时调整退休年龄已是大势所趋。同时，我国还应实行推迟领取社会保险基金制度。所谓推迟领取社会保险基金，即是在参保人到达法定退休年龄后，允许其自愿选择立即领取社会保险基金或推迟一定年限领取社会保险基金，并对推迟领取的职工给予一定数额的社会保险基金作为奖励的制度。这项措施对于延缓社会保险基金支付危机具有明显的作用，已为许多国家采用。同时，借鉴智利经验，允许职工在支付阶段选择继续留在社会保险基金系统内或支取社会保险基金并用于购买商业寿险公司的终身年金。

社会保险基金支付标准也是制度调整的重要环节。目前退休人员社会保险基金支付标准调整措施是依据1995年国务院规定，按照上年参保人平均工资增长和物价指数的一定比例正常调整，具体调整办法由省级人民政府确定。本书建议将社会保险基金支付标准与价格变动挂钩，这是因为工资和价格的增长中通常均包括对方增长的因素，若实行双挂钩，将出现重复调整的现象。同时，美国社会保险制度规定，一旦再就业退休人员的实际收入超过政府规定的数额，其超过部分须按一定的比例扣减社会保险基金支付。我国可借鉴其经验，对再就业退休人员的社会保险基金进行调整。如规定60~69岁的退休者收入超过在职时收入的200%时，对其超过部分的养老金按一定比例扣减发放，超过数额越大，扣减比例越高。因起征点规定较高，这一措施不会影响退休人员的生活，具有可行性。另外，现有的制度设计将导致未来退休参保人的社会保险基金替代率过低，难以维持退休职工的基本生活需要，这就要求制度调整不但要提高社会保险基金支付比例，还要加大个人账户的支付比例。

社会保险基金管理机构还应发展补充社会保险基金项目。这将有助于减轻社会保险基金支付压力,使降低基本社会保险制度的替代率成为可能，从而有利于降低国家财政负担，增强基本社会保险偿付能力。同时，在有条件的企业建立补充社会保险制度，有助于增强企业的凝聚力和对优秀人才的吸引力，促进企业竞争能力的增强和经济效益的提高，最终有利于社会保险基金收入的增加。因而，国家应尽快颁布实施《补充社会保险实施办法》和相关法律规章，明确补充社会保险基金经办机构主体、筹资来源和投资运营方式，并对补充社会保险缴费给予税收优惠，促进补充社会保险基金加速发展。

（二）加强社会保险基金征缴力度

社会保险基金经办机构要认真贯彻国务院《社会保险费征缴暂行条例》和劳动保障部《社会保险费申报缴纳暂行办法》的规定，做好基金征缴工作。为确保基金征缴工作规范化，各级政府和人力资源和社会保障部应加强对社会保险基金征缴工作的稽核检查，每年下达稽核指标，并将稽核指标的完成情况纳入对各级社会保险基金管理机构的绩效考核，推动基金征缴工作的制度化。对于普遍存在的隐瞒、缩小社会保险基金缴费工资基数的状况，社会保险基金管理机构应会同税务部门定期对参保单位的缴费基数进行复核，对发现问题的参保单位按照金额的三倍进行罚款，并不许在所得税交纳前扣除。同时还要扩大社会保险基金覆盖面，提高社会保险基金统筹层次，在更广阔的空间和时间范围内将老龄化风险进行分摊。基于当前的形势，我国社会保险基金统筹层次应定位于省级水平，并逐步向全国统筹过渡。从具体工作来看，社会保险基金征缴工作主要分为社会保险费登记与征缴、个人账户管理、待遇审核和待遇支付等环节。

首先，社会保险基金登记与征缴环节必须按规定办理单位参保登记、建立参保单位的收缴（或拨付）结算账户、变更登记、注销登记、社会保险年度验证。对单位提供的相关业务资料，填写的相关表格，由登记经办业务人员初审、部门负责人审核签字后进行办理，并将相关信息传送至征缴环节，所有原始资料和审核资料归档备存。社会保险费征缴环节办理年度缴费基数核定，按月征收养老保险费。办理缴费基数核定时，由业务受理人员根据相关规定，对参保单位报送的相关资料进行初审，部门负责人审核，主管领导审批签字，重大事项报单位主要负责人同意，经初审、审核和审批后的缴费基数可录入信息系统，原始资料归档备存。参保单位每月上报缴费人数增减变化的资料后，由社会保险基金征缴环节业务受理人员初审，部门负责人审核，将参保人员参保的基本信息首先进入养老保险系统，汇总生成相关信息数据传送至个人账户管理环节。征缴环节再根据个人账户管理环节反馈的个人账户建立（续保）、封存（停保）信息，办理本环节相关业务。或者参保单位每月上报缴费人数增减变化的资料后，由

第六章　社会保险基金风险控制的路径探索

征缴环节业务受理人员初审，部门负责人审核，重大事项报单位主要负责人审批，经初审、审核、审批后的人员信息录入信息系统，原始资料由征缴环节归档备存。按月核定参保单位当期的缴费基数，测算当期社会保险费（含参保单位部分、参保人部分）应征数额。依据参保单位缴费的应征数额，制定月社会保险征缴计划。征缴计划由部门负责人审核、分管领导审批签字后，由本环节将数据传送至财务部门。月征缴计划必须由财务部门负责人、单位主要负责人审核签字后执行。补缴单位养老保险欠费时，由本环节经办人员初审，部门负责人审核，并按照有关规定加收利息或滞纳金。稽核补缴的养老保险费，本环节依据稽核部门传送的《社会保险稽核整改意见书》，将补缴额纳入养老保险系统，并将补缴到账情况及时反馈给稽核环节。财务部门依据业务部门提供的参保单位缴费单据和到账票据进行登账。

其次，社会保险基金个人账户管理环节办理社会养老保险关系建立、转移、中断、恢复和终止缴费的账户处理、对账。变更个人账户业务时，由经办人员根据征缴环节传送的相关信息进行初审、部门负责人审核后，进行个人账户的建立（续保）、封存（停保）等处理，然后将处理结果的信息反馈给征缴环节。参保单位提交的人员增加（减少）异动资料由个人账户管理环节保存归档。或者在变更个人账户业务时，由本环节经办人员根据参保单位提交的相关资料进行个人账户的转入、合并和转出。个人账户的转移按照国家和省有关规定，由本环节提供个人账户记录和转移基金单，经办人员初审、部门负责人审核，财务部门负责人复审后办理。凡职工到达退休年龄时需补缴社会养老保险费的，根据参保单位提交的相关资料，由本环节经办人员初审，部门负责人审核，可办理职工个人补缴养老保险费，完成缴费登账后，将相关数据通过信息系统传送到退休审核环节，方可办理退休人员养老金待遇计算。职工退休前已停保的，还需按照第十三条第二款的规定，先办理续保手续后，再办理补缴欠费。个人账户计息由业务部门依据有关规定提出计息申请，经分管领导审定签字后进行处理。每年度向参保单位或个人发送个人账户信息，参保单位和个人核对无异议的，签字确认；有异议的，由参保单位或个人提出修改申请，本环节经办人员初审，部门负责人复审，并与征缴环节核对，重要数据的变更，必须由分管领导审定签字后进行调整，并保留调整前的记录。本环节核定本机构按规定和比例做实个人账户的金额，并将有做实的信息数据传送给财务等相关部门。

再次，社会保险基金待遇审核环节办理离退休（职）待遇审核、待遇调整审核和一次性待遇审核。参保人达到法定退休年龄后，待遇审核部门经办人员必须严格按照规定，对单位提供的相关资料和表格进行初审，部门负责人复核，劳动保障行政部门审批，确认退休条件和待遇核算的信息指标。经劳动保障行政部门审批后符合退休条件的职工，其个人基本信息无误的，由参保单位填报《在职人员减少异动表》，由征缴环节办理在职人员减少异动和个人账户封存手续，并将封存的个人账户信息在信息系统中传送至退休待遇核算环节。对劳动保障行政部门在审批过程中，发现办理退休的在职人员基本信息有误的，待遇审核部门应及时告知参保单位或个人，参保单位或个人需填写《在职职工基本信息修改表》，由个人账户管理环节经办人员初审，部门负责人复核签字后执行。本环节业务部门根据经劳动保障行政部门审批的资料和在职环节传送的个人账户信息（已封存的），计算符合退休条件的人员的待遇。在计算养老金待遇时，必须由业务部门两名以上经办人员完成信息输入、核算待遇和确认退休操作，并由部门负责人监督管理完成。经过审核后的养老金待遇信息传送给待遇支付环节。依据国家和省有关政策规定，对退休人员待遇进行统一调整时，必须根据调整待遇的政策编制待遇调整程序，预先在练习环境中验算，参保单位应核对上报。再由经办人员初审，部门负责人复审，分管局长签字审定后，建立离退休（职）人员基本养老保险待遇调整台账，将调整的信息传送至待遇支付环节。离退休（职）人员对基本养老保险待遇调整金额有异议，提出重核申请时，待遇审核环节予以重核，将重核结果通知参保单位或个人。确需调整的，应及时通知待遇支付环节，并保留重核及修改的记录。涉及离休人员生活费补助（1~2月）、工残人员护理费、劳动模范津贴等一次性待遇发放时，由待遇审核部门经办人员对退休人员一次性待遇在数据库中进行初审，部门负责人复核。其中对初次享受一次性待遇的，还应由参保单位按程序上报，经过相关部门审核后方可纳入发放。复核无误的，送待遇支付环节进行办理。申领人对一次性待遇金额有异议，提出重核申请时，待遇审核环节予以重核，将重核结果通知参保单位或个人。确需调整的，应及时通知待遇支付环节，并保留重核及修改的记录。审核离退休人员管理单位或所在街道、社区等部门报送的材料，对死亡、失踪、被判刑（或劳教）收监的离退休人员办理停止支付待遇手续。并将相关信息传送至待遇支付环节处理。根据领取养老金资格认证环节传送的信息，做暂停和恢复待遇处理记录，并将暂停支付和恢复养老金待遇信息传送至待遇发放环节。

最后，社会保险基金待遇支付环节办理离退休（职）人员待遇支付和领取养老保险待遇资格认证工作。本环节业务部门每月根据上月的待遇支付记录和待遇审核环节传来的新增（或减少）离退休人员待遇、调整待遇、一次性待遇、待遇重核等信息，制订养老保险基金支付计划，由发放养老金业务部门负责人审核；财务部门负责人复审；稽核部门负责人复核；单位主要领导审批后，将发放数据信息送基金财务管理环节和社会化发放机构执行。本环节业务部门对离退休人员领取养老金的资格认证材料进行审核，根据认证情况，将停止（或暂停）支付待遇、恢复支付待遇的信息传送至待遇审核环节处理。委托银行或邮局发放的养老保险基金，由发放养老金待遇部门按月定期与委托发放的部门对账，对出现的误差及时报财务部门处理。

另外，社会保险基金征缴工作应实行办事公开制度，社会保险政策、业务流程、部门工作职能、岗位人员职责、每项业务的办理时限、内容、经办人等应公开透明。建立档案资料保管制度。养老保险业务的原始资料和办理过程中涉及的相关资料，经办人员、业务部门负责人、分管领导、主要领导签字的资料，由业务部门每月按时整理装订，按照档案管理规定留存、归档、立卷、保管。

（三）增加对社会保险基金的财政补贴

政府对社会保险基金的财政补贴主要分为三种形式：一是提高国有股减持划拨社会保险基金的规章级别，制定国有股划拨办法，由国务院公布执行，调节各方的利益关系。二是按一定比例将中央财政当年超收部分拨增社会保险基金，并由全国社保基金理事会统一管理。中央财政收入超预算支出，用于充实社会保险基金会起到更好的效果。既可以投资到社会，又可以保证增值，还可以促进各方的利益均衡。三是将中央企业国有资本预算收入按一定比例拨归全国社会保障基金。政府财政补贴是确保社会保险基金偿付能力的重要保障，应当逐步调整未来我国财政支出方向，加大对社会保险基金财政补贴力度。一方面，各级政府应当调整财政支出结构，增加社会保险基金支出占财政支出的比例。中央政府在编制财政预算时，应增加社会保障预算支出占财政总支出的比重，并予以固定化。同时，省级政府也应根据财力建立社会保险调剂基金，该基金应按照地方财政收入的一定比例，定期划入社会保险基金之中，具体比例应由中央统一确定。

为保证调整财政支出结构措施得以顺利实施，可以开征新的税种，如遗产税、特别消费税，或者发行社会保险基金特种债券，将其收入拨付基金。同时，国家正在实施国有企业的部分国有股减持以补充社会保险基金的做法，将整体出售国有资产的变现后一定比例的收入划入基金。

第二节 健全投资运营风险控制机制

为了促进社会保险的可持续发展，确保基金偿付能力，我国应当借鉴国际经验，逐步放宽对社会保险基金的投资限制，拓宽投资渠道，使地方社会保险基金也能进入资本市场，获取更高的投资回报，实现基金的保值增值。社会保险基金入市运作应采取多样化入市模式、多元化运营主体和全方位投资组合，对投资过程进行风险预警，通过数量分析的方法实现风险控制。

一、建立投资风险预警机制

本书对社会保险基金投资风险度量分析时，由于实证分析方法应用需要大量的数据支持，因为这方面的欠缺，本书没有对全样本进行整体分析，只能对研究样本进行重点选取，数据选取过程中或多或少会有一定的误差，而且根据不同的持股时间确定的研究样本也存在类似问题，计算出来的VAR值也和真实值有一定差异。因此，我国社会保险基金投资风险预警机制必须包括全部投资样本和所有的基础数据来源，对投资风险进行全面预警，并在持续时间内对投资风险进行监控，提出风险度量指标的应用和整改办法。

对于社会保险基金投资风险预警来说，为了在地方社会保险基金全面进入资本市场的时候保持基金管理公司的谨慎态度，防止其投资过度，应在VAR方法的基础上采用RAROC方法。使用这种方法进行绩效评估时，不是以盈利的绝对水平作为评估的基础，而是以投资风险基础上的收益贴现值作为依据。如果社会保险基金管理公司从事过度投机行为的话，尽管投资收益可能会很高，但VAR值也会相应增大，从而导致RAROC值不大，使得业绩评价回归正常。因此，RAROC方法用于业绩评估，可以较真实地反映基金管理公司的实际投资业绩，有利于抑制过度投机的冲动，迫使基金管理公司在最低风险下寻求收益的最大化，有助于避免大额亏损现象的发生。社会保险基金投资风险预警应由相关政府监管部门和业务单位实

第六章 社会保险基金风险控制的路径探索

施,也可聘请有资质、信誉好、风险管理专业能力强的中介机构协助实施。

为了实时监控我国社会保险基金证券投资组合风险,我国可以建立一套对影响社会保险基金投资组合的三大类风险进行监控的风险预警机制,及时对社会保险基金投资进行止损。针对我国社会保险基金投资组合的这三大警源,各自分别对应三套警素,即测算这三大类风险的具体指标。具体而言,我国社会保险基金入市有三大类警源,分别为:其一,社会保险基金所投资的上市公司风险指标。社会保险基金所投资的上市公司风险指标主要由包括上市公司的偿债能力比率、营运能力比率、获利能力比率来测算。这些上市公司指标可以通过资本市场专业数据库取得。其二,我国资本市场系统风险指标。系统风险指标由周期性波动风险、利率风险、汇率风险、政治风险和购买力风险等外部风险,通过专业数据库中取得指标数据来测算。其三,社会保险基金组织机构投资风险。这主要由社会保险基金组织机构内部风险,全国社保基金理事会与基金管理公司委托代理风险和基金公司的经营管理风险等风险因素来测算。最后,具体测算指标按照不同的风险要素进行汇总,得到整体风险指标,达到投资风险的预警效果。

二、投资运营风险控制措施

我国社会保险基金统筹基金和个人账户基金根据各自性质不同,采用不同的投资方式。统筹基金继续由地方社会保险基金管理机构负责基金的运作及管理,而个人账户基金通过委托给全国社保基金理事会转基金管理公司代理而间接入市。这部分资金应按照多元化投资原则,平衡投资风险与收益的关系。

(一) 选择合理社会保险基金投资比例与投资领域

社会保险基金投资于股票市场并不是说全额投到股票市场,它只能是部分社会保险基金进入股市。因为投资于股票虽然可获得较高的收益,但面临的风险同样较大。社会保险基金入市以后必须严格实行组合投资,实现投资工具和投资对象的多元化,并控制高风险投资工具和投资对象在投资组合中的比例。在组合投资方面,不能将所有资金投入股市,必须将一部分基金以银行存款和债券等固定收益的资产形式存在。在投资到期日上,应根据未来当期收入与当期支出的差额,选择时间长短不同的投资品种。通过组合投资,实现社会保险基金投资对象在投资工具、时限、收益率和风险方面的均衡。

现阶段，相关制度规定社会保险基金用于投资银行存款和国债的比例不低于总资产的50%，企业债券和金融债券不高于10%，股票与基金投资的比例不高于40%，从本书对投资风险的度量结果来看，应该说这一比例相对比较保守。根据本书结论，社会保险基金投资风险控制效果比较好，因此可以在保证资产安全的基础上，增加社会保险基金的资产增值空间，根据国内外的经济环境，适当增加投资额度，采取循序渐进的方式，并在每次追加投资时进行反复论证，按照不同的方法对风险进行度量，并比较与收益的关系，将确保社会保险基金投资的低风险放在首位。而对股票类型的选择是确保社保资金保值增值的最关键环节。由于目前我国股票市场的上市公司股票良莠不齐，社会保险基金在进行投资选择时应做好充分的论证和调研，进行有效科学的投资组合。由于社会保险基金投资的稳健性，投资组合的基本标准应该是选择业绩优秀并有成长性的公司。比如，与国家重点鼓励发展的产业、产品和技术相关的上市公司，并在认真研究上市公司的财务报告的基础上，注重实地调研和考察。完成社会保险基金投资后，要充分树立起作为机构投资者的公司股东意识，积极参与公司治理，改善或提升公司经营情况，也降低了社会保险基金投资风险。

我国也有相关学者不同意社会保险基金入市，他们认为社会保险基金与股市的关系呈现相互作用。数额庞大的社会保险基金入市，必然会对一个国家的金融运行产生影响，其中金融层面的直接影响就是资本市场，社会保险基金都是资本市场的主要机构投资者投资的，由于社会保险基金有自己使命和功能，必然在进入市场时会把一种稳健性、追求长期性的经营模式带到资本市场中去，弱化资本市场的投资性。但是社会保险基金进入资本市场非常复杂,反过来资本市场的易变性有可能会侵蚀基金自身功能。还有相关学者和分析师质疑地方社会保险基金入市的投资安全问题，认为内幕交易横行、造假案频现、扰乱市场秩序等现象依然存在，并严重打击投资者信心。尽管监管层想方设法铲除内幕交易等严重的违法行为，但由于人力物力所限，所能查处的仅是冰山一角。再加上随着创业板的推出而集中显现的私募股权投资腐败等问题，目前的这个市场实在让投资者难以放心。即使社会保险基金实现了省级和全国统筹，如果我国股市无法解决自身问题，地方社会保险基金投资于资本市场也存在诸多问题。因此，证券监管部门希望借助地方社会保险基金入市，提高资本市场中金融资本的力量，培育出一批高质量的机构投资者，改变中国资本市场产业资本过于

第六章 社会保险基金风险控制的路径探索

强势的格局,发挥优化市场配置资源的作用。

因此,本书认为社会保险基金入市需要几个前提条件:其一,资本市场相对成熟。其二,社会保险基金入市是自愿的而不是强迫的。其三,社会保险基金入市后的基本收益是有保障的。从目前现状来看,证券市场制度、基本的制度还不健全,社会保险基金入市的基本收益没有保障,所以社会保险基金参保人并没有自愿让社会保险基金入市,如果强行入市将陷入相关制度缺失和参保人监管真空的困境。理论上说,资本市场是一个相对公平的市场,尽管社会保险基金在我国资本市场上的投资收益率很高,但如果它立足于公平的角度投资的话,必将在市场萧条的时候陷入亏损;如果社会保险基金是一个特殊投资者,那么对于整个市场就不公平,对于中小投资者甚至机构投资者都构成极大的威胁。因此,机构投资者可能在法律面前是不平等的,资金雄厚的社会保险基金由于其特殊的背景,难免会有很多渠道得到国家的最新政策和战略规划并提前布局。但是在资本市场的规则面前,不论是全国社保基金理事会还是各省社会保险基金,作为机构投资者都必须要尊重、遵守资本市场同样的法律,在资本市场的规则面前,一切机构投资者和个人投资者都是平等的。全国社保基金和各省社会保险基金可以按一定比例投资于证券市场,一部分资金进行实业投资,那么还有一部分应该投资在固定收益类产品当中,比如国家债券、银行债券和企业债券,因此社会保险基金投资应该实现投资领域多元化,风险和收益相均衡。任何国家的社会保险基金进行投资的时候都不能全部购买股票,最多的比例控制在50%~60%,具体情况要根据股票市场的情况,市场萧条的时候可以将资金撤出,等市场重新繁荣的时候再加大投资力度。尽管为了降低社会保险基金投资风险,国家鼓励其进行实业投资,但是股票市场的流动性是实业投资所无法比拟的。长期来看股票市场的收益率应该在7%以上。

现阶段我国地方社会保险基金出于安全性考虑只能投资于银行存款和国家债券,严重影响了收益性,使得社会保险基金保值的目标都无法实现,不利于解决未来社会保险基金资金缺口的问题。这样产生了一个矛盾的问题,一方面是地方社会保险基金结余资金规模的不断扩大,另一方面是巨额结余资金无法实现保值,造成结余越大,贬值风险越高。本书的研究结果说明,全国社保基金在股票市场上的投资在取得巨额收益的同时,规避了很大比例的投资风险,投资策略比较稳健。所以地方社会保险基金完全可以借鉴和尝试全国社保基金投资的模式方法,适当扩大投资渠道,在保证投资安全的基础上创造更多的收益。立法机构和政府部门应该允许各地方社会保险基金管理机构自行管理本地方的基金投资管理，按一定比例投资到各类金融资产或投资政府担保的国家重大工程项目建设等。由于地方社会保险基金管理机构在投资经验等方面的不足，全国社保基金理事会可以将各地方社会保险基金结余资金集中起来统一投资，以便更好更快地推进社会保险基金积极稳妥投资运营。此外，因全国社保基金自身具备一定投资能力，在某些可控或大型项目上由其内部部门直接操作，如定期存款和国债、信托贷款和直接股权投资，甚至如国务院特批的京沪高铁类实业投资项目，均是全国社保自身作出决策。

（二）建立社会保险基金证券投资保险制度

我国应该从以下几方面建立社会保险基金证券投资保险制度：

第一，建立社会保险基金证券投资保险法规。我国需要为成立相对独立于证券交易所和证监会的非营利性证券投资保险机构、保险基金和强制参保的基金公司范围立法，为社会保险基金投资保险制度提供系统规范和依据。

第二，建立社会保险基金证券投资保险机构。从制度设计的预期目标出发，我国社会保险基金投资保险机构应兼具保险人、监督检查人和危机处理人三种身份于一身。

第三，建立社会保险基金证券投资保险的保费征收标准。我国应实行固定费率和浮动费率相结合的方法，向经营社会保险基金的基金公司征收保费。

第三节　加大会计风险控制措施

通过上文分析了解到，我国社会保险基金会计控制方面还存在诸多风险，本书针对完善我国社会保险基金会计控制，有效控制会计控制风险提出以下建议。

一、建立社会保险基金预算控制

社会保险基金会计控制如何与预算保持一致，是风险管理中极为重要的因素，规范的预算控制是帮助控制支出和强化收入规定的会计控制工具。预算控制在核算社会保险基金的过程中，是一个很重要的控制因素，因为

第六章　社会保险基金风险控制的路径探索

预算是考核社会保险基金运营活动情况的一个法律遵守标准。会计和财务分析报表完善了社会保险基金管理机构经营责任的周期，但是周期开始的驱动因素仍然是基金预算。因此，从目前社会保险基金会计核算体系的内容来看，有必要把社会保险基金预算纳入社会保险基金会计核算体系。应该说，预算资金的收入、支出和结余，是会计核算的重要内容，而就预算本身而言，又包括预算的编制、执行和决算，涉及一系列政策和程序，是一项独立的系统工作，在具体操作上主要从以下两个方面把握：

一方面，社会保险基金管理机构要逐步提高统筹层次，并建立分级预算管理。由于我国的社会保险基金统筹层次比较低，多数省份社会保险基金还没有实现省级统筹，大多数地区甚至还没有实行市级统筹，仍停留在县（市、区）级统筹的层次，使社会保险基金在省内不同城市之间的调剂较为困难，这就造成了不同城市之间的负担不均。会计年度末，地方社会保险基金经办机构应按照财政部规定的表式、时间和编制要求，根据本年度预算执行情况和下年度基金收支预测，编制下年度基金预算草案。地方各级财政预算和社会保险基金预算草案一经本级人民代表大会审查批准，即为当年具有法律效力的预算。各地方社会保险基金经办机构应当在本级财政部门批复本部门预算后一个月内，向所属各单位下达预算指标。分级预算的编制是一个从无到有，从初级到高级的过程，从地方社会保险基金经办机构开始编制社会保险基金预算，并在此基础上进行逐级汇总，直至编制国家预算。在进行分级预算管理，编制社会保险基金预算收支表时还必须注意，中央和地方以及地方各级之间在社会保险基金分配上存在上缴与下拨的关系，例如，中央对地方的社会保险基金的补贴、省级社会保险基金的上缴与拨付和省际之间的基金转移支付，等等，基金在上下级之间调度或临时性拨款，使社会保险基金发生了政府间转移，但不会增加资金总量，因此在编制社会保险基金预算收支表时，还必须增加一些资金调度性科目或栏目。在分级预算中，各级社会保险基金应该立足于自我平衡，财政部门只对制度原因造成的基金缺口予以补助。

另一方面，协调好社会保险基金统筹账户和个人账户之间的关系。由于我国社会保险基金实行社会统筹与个人账户相结合的模式，所以预算编制就有一个统筹账户与个人账户处理相衔接的问题。个人账户中的资金虽然属于个人所有，但其动用须按既定的法律程序，按规定的支出项目和金额标准。作为反映社会保险基金预算的收支表，不仅应包括社会统筹部分，还应包括个人账户部分。采用这种部分积累制的方式来筹集资金，也就意味着有一部分社会保险基金的收支之间存在着很大的时间跨度。这部分基金在相当长的一段时间内是闲置的，可以用来进行各种投资，使其保值增值，如果忽略个人账户的部分，这就偏离了社会保险制度改革的初衷，无法形成个人账户的基金积累。因此，社会保险基金经办机构在编制社会保险基金预算收支表的时候，应将社会统筹基金与个人账户基金分开核算，这样才有利于反映社会保险基金的真实特点。

预算分析情况要及时上报监督部门，监督部门对当期或者当年的预算情况进行审查，如需调整则必须由监督部门批准，避免预算资金的滥用，能够有效解决预算软约束的痼疾。对于预算执行情况良好的单位予以奖励，对于执行情况差的单位予以惩罚，奖罚分明，形成合理使用资金、严格执行预算的良性循环。

针对社会保险社会统筹基金改为养老社会保险税的改革，社保税将由税务部门统一征收，税款直接进入国库，但实行专户存储。在将社会保险历史债务进行具体测算的基础上，将其债务总额确定，作为中央政府负债通过预算实行管理，每年年初将确定的该年应偿还债务总额作为预算支出分配给社会保险基金预算，同时将该年应收的社会保险税收入作为预算收入也分配给社会保险基金预算，然后通过预算分配支出和预算分配收入进行会计核算，并分析其收支预算完成情况。

二、不断完善会计核算管理

社会保险基金会计核算控制应具备会计要素确认和计量、费用摊销等方法的一致性，社会保险基金征收率、运作收益率、社会保障金发放完成率、社会保险基金保值增值率、资产负债率、流动比率、速动比率等会计指标的可比性，社会保险基金征收、运作和发放等会计事项核算的及时性，会计凭证、会计账簿、会计报表等会计资料的明晰性，社会保险基金运作收入与相应费用的配比性，运作收入确定、损失和费用的确认等过程的谨慎性。社会保险基金会计主体应根据会计准则的要求，执行资产、负债、净资产、收入、费用和利润等会计要素的确认和计量方法，基金运作政策，日常会计核算政策，资产减值政策，等等，便于社会保障工作者有章可循。根据社会保险基金扩大运营范围的发展趋势，以权责发生制、收付实现制作为社会保险基金会计确认的基础更为合理。

（一）确立权责发生制的会计核算基础

权责发生制能够满足政府内外部的信息需求，适用于政府会计的核算。

第六章 社会保险基金风险控制的路径探索

权责发生制能够使所有满足定义和确认标准的负债都予以确认,能够完整反映社会保险基金的财务信息,防止相关部门低估负债,帮助管理者更加合理地估计社会保险基金运行中存在的风险,以及时进行风险控制。权责发生制下,社会保险基金的会计信息质量更具真实、可靠、可比和谨慎性,能够提升社会保险基金的会计控制水平。虽然权责发生制相对收付实现制要复杂一些,对于如社会养老保险基金等的负债项目还难以准确计量,可能会增加更多的估计和职业判断,但是社会保险基金安全运营离不开完整可靠的会计信息的支撑,那么能够提供完整、可靠会计信息的权责发生制也将是社会保险基金会计控制的必然选择。因此,社会保险基金会计核算应新增设部分会计科目,在保留收付实现制的基础上,根据实务的需要,部分地采用权责发生制,即以"修正的收付实现制"作为基金会计核算基础,克服单一收付实现制的不足,充分将应收未收,应支未支的资金进行准确及时的核算,使会计报表更加系统全面核算基金的经济内容,提高会计信息的决策有用性。而且这种核算确认原则并不用对政府会计模式有很大挑战,就能透明化核算一直困扰实务界的社会保险基金隐性债务,极大地降低了基金偿付能力风险,而对于投资收益的核算也基本满足了信息使用者对投资信息的需求。具体来说,社会保险基金会计核算应该将会计科目分为两类,以"收付实现制"为核算基础的不变,另增一类可纳入表外科目核算的以"权责发生制"为基础会计科目。社会保险基金执行这种"修正的收付实现制"核算基础是非常适用的,既克服了收付实现制的缺陷,也满足了对基金管理和监督的要求,又很好地体现基金日常业务的需要。

具体来说,应分为以下几点。

第一,增加权责发生制属性的账户。为了确保社会保险基金会计核算能如实反映收支管理和投资运营的经济业务,管理机构应在政府预算会计的基础上,增加以权责发生制作为核算基础的相关科目,纳入会计报表外管理体系。具体来说,这些科目包括"应收社会保险金""欠缴社会保险金""应付社会保险金""未付社会保险金""待处理资产"和"预收社会保险金",使得基金收入、支出和投资的全过程得到全面的反映。

第二,针对隐性负债发行社会保险基金认可债券。社会保险基金管理机构应当一次性清算和确认每个参保人在旧体制中缴费累计金额,然后仿照国债的方式发行"认可债券",使参保人在领取社会保险金时直接向管理机构兑付。社会保险基金管理机构应在全国范围内聘请专业的精算人员计算"认可债券"本金和利息。这种模式既兑现了社会保险基金对参保人隐性负债的支付承诺，明晰了债权债务关系，减轻了财政压力，又规范了社会保险基金支付管理。

第三，完善投资收益和利息收入核算。我国社会保险基金投资运营收入主要由利息收入和投资收益两部分组成，因此，对于这两部分的确认和核算成为会计核算工作中的重点。一方面，管理机构必须加强利息收入的核算工作，利息收入科目应按开户银行、财政专户和债券种类设置明细账，做到逐笔登记和按时结转。另一方面，随着地方社会保险基金的入市，有关社会保险基金投资的会计核算处理也变得相应复杂。由于我国对划入地方社会保险基金投资范围内的资产仍然按成本价值计算，只有全国社保基金采用公允价值计量。资本市场投资是社会保险基金面临风险最高的一种投资方式，在现阶段我国资本市场仍不完善的前提下，大部分资产应继续以历史成本计量，但对于交易性金融资产和持有至到期投资可以适当采用公允价值计量，并确认当期投资收益。

（二）完善账户管理基础工作

社会保险基金的"收入户""支出户"与"财政专户"的处理是会计账户管理中的重点问题。与企业会计和政府会计不同，社会保险基金会计在账户设置上的特殊性就在于，为了保证基金安全、完整，有计划地收缴与发放，防止挪用、侵蚀基金，财政部将社会保险基金视同财政资金纳入预算进行管理，基金收入形成资金全部划入财政专户，基金支出所需资金由财政专户划转至支出户，由支出户再向保险对象支付，或直接通过财政专户划拨。会计核算为了体现基金管理的特殊要求，设置"财政专户"账户。基本社会保险基金应存入国有商业银行，社会保险基金经办机构和财政部门，应在经协商确定的银行开设以下三个专用账户：社会保险基金经办机构开设"基本社会保险基金收入户""基本社会保险基金支出账户"，财政部门开设"社保障基金财政专户"。收入户用于暂存收缴的社会保险基金收入，除按规定向社会保险基金财政专户调拨资金外，一般只收不支；支出户主要用于支付基金开支项目，除按规定接受财政专户拨入的资金一般只支不收；财政专户用于存储基金，其作用是接受从收入户划入的资金并向支出户拨付资金。

对此，如何加强财政专户和收支两条线的管理，从内部制度本身，应保证财政专户、收入户和支出户在同一国有商业银行只能开设一个账户，

第六章 社会保险基金风险控制的路径探索

不能多头户并存，专户要按规定计付利息，对社会保险基金设置"财政专户存款日记账"，定期与财政专户对账单进行核对，如果出现差额，必须逐笔查明原因并处理。财政部门要严格规章制度，不能挤占挪用基金。对社会保险基金经办机构引入激励机制，实现目标奖惩的办法，加强内部监控管理制度；加强对财政专户资金的监督检查，对拒不缴存财政专户的经办机构采取强制性措施，强行划转，并进行专项检查；逐步提高统筹层次，发挥省一级的财政监督和管理职能，为实现新型基金收支两条线财务管理体制创造条件。从外部宏观条件上，应以预算管理制度的创新为重点，加快社会保险基金预算的改革，同时积极稳妥地推进社会保障税费制度的改革，才有利于进一步改进和完善"财政专户"和"收支两条线"的管理。

我国的社会保险基金制度也经历着从现收现付制向积累制转变的过程，就目前情况看，部分积累制较为适合我国社会保险自身发展水平，同时也符合社保事业发展的一般规律，从长远的角度，是解决我国人口保障问题的有效道路。我国的部分积累制还尚未真正形成，个人账户中的余额只是名义上的，主要还是被用来弥补地方资金缺口的需要，政府财政支出的扶持不是社会保险基金发展的长久之计，继续完善并规范我国社会保险的部分积累制尤为迫切，否则大量资金闲置或者滥用，将来会造成更大的资金缺口风险。从产权角度分析，个人账户是强制性社会保障制度下的一种专门合约，既然设立个人账户，个人应该是产权所有者，个人账户属于私有产权。统筹账户属于参保人共同所有，未参保者不分享权利，所以它是一个很广的群体所共享的社会化财产，属于共有产权。经办机构可以将统筹账户和个人账户交由不同的基金管理公司进行管理，并对其投资渠道进行严格限制，分开管理、分别投资，既能够明确各自的收益目标，还能真正保障参保人的切身利益。基金管理公司可以将统筹账户的基金主要投资银行和国债，保证其流动性的需求；将个人账户的基金主要投资于资本市场，获取长期的资本收益，避免当期偿付风险的加大。个人账户入市能真正着眼于未来，为将来偿付能力的提升打下坚实的基础。

应将社会统筹基金与个人账户基金分离，调整统账结合制度的结构，改社会统筹与个人账户在基本社会保险制度中的"块内结合"为基本社会保险基金中的个人账户与企业年金之间的"块间结合"。必须确保每个参保人员缴费数正确，增设个人账户利息收入和投资收益的一级科目，用于核算每年年终转入个人账户数及相关的基金收益以及按记账利率转入个人账户的情况，做好个人账户资金平衡的核算。个人账户会计核算处理的方法一般是采用固定缴费养老金办法，即企业按照退休办法的规定，每年提取一定数额的社会保险基金，交给社会保险相关机构保管运营，在职工退休时，将属于职工人均养老基金支付给已退休职工，职工退休时所领取的养老金取决于提存的金额及投资的收益，企业力不保证养老金给付的数额。统账分离后，个人账户基金可交由单独的机构进行运营管理，不再与统筹基金混合管理，不能用来无偿弥补统筹基金缺口。同时由单独的机构编制个人账户资产负债表和个人账户基金报表，专门反映个人账户的运营情况。通过会计核算，达到个人账户中各项数据都能在会计期内准确及时反映，既要核算出整体个人账户余额，又要核清每个参保人员个人账户余额，做到账账相符，从核算上做实个人账户。除此以外，还可以利用计算机联网管理，在程序设计上要特别注意防丢损功能的设置，建立网络查询系统，定期向每个参保职工发送个人账户对账单，以便企业和职工核对，让每个参保职工有权随时向经办机构查询和质疑。

三、健全内部审计职能

内部审计部门应该在社会保险基金会计控制环境和预算编制的基础上，全面分析管理机构在会计控制中存在的风险，观察业务流程的运转情况以及缺陷、漏洞，在健全相应的规章制度的同时贯彻执行。相关部门应尽快建立健全殡葬信息联网覆盖率，以及离退休人员资格认证审查的相关文件，方便内审部门通过殡葬信息网及时审查殡葬信息反映情况，通过小范围的抽点来考察离退休人员社会养老保险基金资格认证是否定期展开。内审人员应该努力提升其自身的技术知识与侦查水平，能够应对计算机审计所需要的专业知识，内审部门应该区分计算信息系统外包与内建分别定位其系统开发风险，对于系统运行中的风险可以采取穿行测试的检验方法，通过跟踪其权限分配与执行、数据输入与输出安全程度、业务数据修改授权与批准来评级其系统运行风险。

具体来说，可以分为以下三点：

第一，审查社会保险基金预算执行情况和决算。社会保险基金管理机构要严格按照预算来执行，实时分析基金收支管理情况，将预算执行情况报送同级财政部门和上级主管部门。因此，这方面审计工作的重点主要是审查基金预算编制是否坚持真实性、合理性、全面性、政策性原则，预算执行情况和预算调整情况是否得到批准和执行，年度预算和决算是否报经财政部门或上级主管部门审批。

第二，审查社会保险基金收支情况。社会保险基金内部审计部门要对基金收支的各个方面进行严格审查。审计重点应着眼于社会保险基金管理机构是否依法及时足额支付，有无拖欠和"小金库"的情况；调剂资金的分配和使用是否做到专款专用、合理合法，资金的调度和用款计划是否按规定的程序报批；管理机构是否有侵占基金的情况；管理机构是否定期对基金支付对象进行必要的情况调查；管理机构重大资金的支付是否实行集体决策，支付环节是否设置审核和监督岗位。

第三，审查社会保险基金投资运营情况。社会保险基金内部审计部门应在国家相关投资和运营政策的指导下，对基金投资运营进行重点审计。一方面，对于地方社会保险基金来说，审计重点应该是审查管理机构内部控制制度是否健全高效，如财务和内部审计机构是否健全，能否发挥核算监督和控制的作用；社会保险基金运营资产是否安全和完整，能否实现资产保值增值，有无违规投资和侵占基金等行为；结余基金收益状况是否合理安排存期以追求收益最大化。另一方面，对于全国社保基金理事会来说，内审部门应以基金投资业务流程为主线，将面临的重大风险全面梳理和再评估，对风险管理实施情况进行监督，编制社会保险基金投资机构内部控制自我评价报告。

第四节 强化外部风险控制职能

社会保险基金风险控制措施的执行必须依靠外部监管主体的风险控制。根据现行的我国社会保险基金管理体系，我国现行的社会保险基金外部风险控制和监督机制必须以行政监督为核心，辅以审计监督和社会监督的全方位监督模式。行政监督要求政府代表国家对社会保险基金的筹集、投资运营、支付全过程进行监督。审计监督要求国家审计部门对社会保险基金的财务状况进行监督。社会监督是指由社会保险基金的有关利益代表组成社会保险基金监督委员会，对管理机构贯彻落实各项社会保险基金政策的情况和基金的管理工作进行监督。在整个外部控制的体系中，外部控制主体如立法部门、政府部门、全体参保人、利益相关者与社会中介机构分别发挥着各自的特点，从不同的环节和角度为社会保险基金健康有效运行提供不同功能的支持。

一、构建外部监管主体体系

我国应建立独立于政府的社会保险基金监管机构，对社会保险基金实施统一的强制性管理。可以效仿保监会、银监会、证监会的模式建立，直接隶属于国务院，地方设监管办事处，垂直管理。必须建立社会保险基金行政监管协调机制。如英国的职业养老保险委员会、荷兰的社会保险委员会、德国的社会保险民间管理机构和"社会法庭"澳大利亚的保险与养老金管理委员会等。我国可在政府中设立一个非常设的、由有关行政部门主要负责人组成的社会保险监督委员会，来协调社会保险基金监管中遇到的问题。这样的专门监督机构有利于提高监管部门决策的科学化和透明化，积极调动参保单位和参保人对社会保险基金监督的能动性，保护参保人的权益，并减少行政角色对基金监管主体的弱化，不仅能够明确监管主体的权力和责任，还能巩固和加强政府审计的独立性。因此，我国应成立具有独立法人资格的社会保险基金监督理事会对基金进行监督。人员构成应包括政府代表、参保单位代表、参保人代表、工会代表、社区代表和有关专家（包括法律专家、社会保险专家、财务专家）。

另外，我国必须逐步提升社会保险基金统筹层次，将基金从地方政府体系中实现实质性的剥离，实现真正意义上的省级统筹，以省级为单位进行基金核算等管理工作，将由于统筹级别过低产生的风险点降低到31个，不但降低基金管理费用，还降低监管难度，集中精力对基金投资进行管理，实现基金的保值增值。在条件成熟后，我国可将社会保险基金省级统筹上升到国家统筹，真正实现基本核算单位和资金流在全国范围内的收支协调管理，为以后的市场化运作打下基础。

二、积极完善社会保险基金外部监管模式

我国社会保险基金在严格限量监管模式下具有独立性、强制性、全面性和重要性的特征。社会保险基金外部控制的整个过程应得到政府部门的充分授权，这就形成了社会保险基金外部控制的独立性和强制性特征。实施外部控制的第三方与社会保险基金的管理运营部门无连带关系，对于基金管理绩效和机构审计不掺杂感情色彩和自身利益，更无行政级别的制约，能够站在科学、理性、客观的角度完成监察工作，独立性得到了充分的体现。再者，政府对实施外部控制第三方的充分授权，也是外部控制独立性的良好保障。政府的授权也给外部控制带来了强制性的特征，这种强制性表现在外部控制的实施过程中，即社会保险基金的管理机构必须全力配合

第六章 社会保险基金风险控制的路径探索

授权第三方的审查工作，不得故意隐瞒、欺骗和拒绝第三方的检查，应以虚心的态度，真实地呈现社会保险基金管理情况。外部控制的全面性体现在对社会保险基金管理运营的审查范围上，全部社会保险基金管理机构和工作人员，所有社会保险基金运营环节均可作为外部审查的对象。在具体实践过程中，由于第三方的人力物力有限，同时考虑到外部审查的成本效用原则，社会保险基金的外部控制应加强针对性，立足于社会保险基金内部控制建立健全情况以及自我评价报告，对可造成重大影响、存在重大风险隐患的环节应进行重点的实质性审查，对运转良好的环节可以仅进行简单的检查，这就是外部控制的重要性特征。外部控制的全面性和重要性并不矛盾，而是具有互补性的两种特征，一方面明确了外部控制的整体控制范围，另一方面指明了外部控制应突出重点，二者兼备才能既发挥外部控制的作用，又提高外部控制的工作效率。

一般来说，对社会保险基金的监管主要有两种模式，即集中监管模式和分散监管模式。集中监管是指一国政府在构建社会保险基金监管体系时，将监管职能赋予单一的机构，由该机构代表政府集中履行对社会保险基金的监管职能。在集中监管方式下，监管主体是单一、专门的政府机构，也就意味着单一的责任中心，有利于将社会保险基金作为一个整体进行统筹管理，提供有效的监管服务，减少监管真空；分散监管是指一国政府在构建社会保险基金监管体系时，将国家对社会保险基金监管的职能赋予两个以上相互独立的主体，并且这些主体大多是由政府现有的经济管理部门组成。在分散监管体系下，监管机构多是现有的政府经济管理部门，与集中监管方式下成立新的监管部门相比其运行成本可能更低。监管部门丰富的专业监管经验和先进的技术能够为社会保险基金的健康运行提供更加专业的服务，同时也能较为高效地应对社会保险基金运行出现的相关风险，体现出专业监管的优势。从我国社会保险基金的管理体系出发，主要有地方社会保险基金和全国社保基金，由地方社会保险基金经办机构和全国社保基金理事会分别管理。本书研究的偿付能力风险主要有地方社会保险基金经办机构的日常运营，而投资风险主要产生于全国社保基金理事会的投资活动。因此，社会保险基金不同的外部控制主体，运用立法、行政干预和信息披露等手段主要对以上两种活动进行监督。

三、建立社会保险基金市场化运作机制

我国应建立起社会保险基金运营市场，将基金日常投资运营任务推向

基金管理公司市场，实现管办分离。社会保险基金的运营除风险较低的由全国社保基金理事会直接管理外，其余投资风险较大的投资均交由基金管理公司操作。这对基金管理公司的运营能力和风险控制能力提出了更高的要求，基金管理公司在提交参选社会保险基金管理公司申请材料、接受专家委员会评选的过程中，需要做大量的前期准备工作，有利于基金管理公司的运作更加规范和透明。

一方面，要建立完善的基金运营市场竞争机制，社会保险基金投资运营机构应通过考察经营机构注册资本、业绩、财务以及信用评级等条件，严格挑选并审核基金管理公司的市场准入资格，通过招标等形式使投资公司之间形成竞争。就我国目前社会保险基金投资而言，风险小的投资由社会保险基金理事会直接运作，风险高的投资则委托专业性的投资管理机构进行运作。这种模式对于社会保险基金投资运营的收益贡献明显，也在一定程度上分散了风险，但是并不能完全回避风险，基金管理公司也不可能承诺没有任何潜在损失的可能性，其对风险管理的认识也不尽相同。我国还要对试图进入社会保险基金投资经营领域的各类机构进行资格审查和认定，提高中介行业的整体素质，避免因中介机构资质不佳带来非系统风险。

另一方面，在社会保险基金委托代理合同中要规定"退出机制"，基金管理公司如果在规定的时间范围内没有达到所规定的目标，则可以提前终止合同，选择投资收益更高的基金管理公司。社会保险基金管理机构应建立制度化的激励机制，将基金运营目标与基金管理公司经营目标一致化，并针对不同投资收益和风险规避能力的基金管理公司实行不同的激励机制，激发基金管理公司的投资积极性和风险规避倾向。随着资本市场和中介机构的不断成熟，相关法律制度的不断完善，我国应逐步建立社会保险基金管理市场化运作，将监管方式转变为审慎性监管模式。

社会保险基金涉及亿万劳动者的切身利益，不仅工会、企业团体、社会舆论对社会保险基金应享有监督批评权，广大参保劳动者也应享有监督批评权。因此，社会保险基金立法应当明确规定参保人等社会公众的法定监督权，出台相关规定对其监督方式进行规范，形成全社会监督的网络体系。社会保险基金管理机构应该明确参保单位和参保人对基金的收支和投资情况具有知情权，很多发达国家参保人可以在加入任何社会保险基金的同时都有权选择适合自己的投资组合，并随时可以更改，同时能够随时通过网络查询和管理账户。此外，社会保险基金管理机构还应赋予新闻媒体对基金监督情况进行再监督的权利。

四、大力加强外部审计职能

相关部门要努力提高政府和社会审计人员自身的综合素质。通过加强对审计人员的培训，审计人员能够拥有更加全面的知识结构和专业技能，可能胜任在社会保险基金复杂的风险环境中对不同的审计对象进行审计，对社会保险基金管理机构的内部控制进行评价。而且，通过加强对审计人员的培训，审计人员可以明确正确的价值取向，形成严谨的职业道德，秉公执法，不徇私舞弊。由于社会保险基金审计工作具有很强的政策导向，相关部门应组织审计人员认真学习国家的经济政策和法律法规，掌握社会保险基金的发展态势，巩固与发展审计人员的工作程序和方法，保证审计人员有能力对社会保险基金进行有效的审计监督，并提出相应的合理的建议。

本书认为，在社会保险基金制度不甚健全的情况下进行审计，不能仅仅将审计的目标放在查错究弊上，社会保险基金的良好运行需要合理的制度以及有效的执行，把焦点仅局限在微观审查上，不能完全保证社会保险基金的安全完整，当错弊或违规行为较少抑或不重要时，制度的合理与否往往成为社会保险基金健康运营的关键。因此，审计工作要微观审计与宏观审查相结合，从现行制度出发，审查制度的执行效果，集中力量对现行制度的弊端进行分析，向相关部门提出可行的改进措施，促进社会保险基金制度更加完善。尽管我国社会保险基金制度日趋完善，但因制度和体制原因，社会保险基金外部风险控制还存在不少问题和漏洞，需要尽快完善社会保险基金监管的制度环境，健全社会保险基金外部监管主体体系，明确基金管理机构的职能权责，加强对社会保险基金的社会监督，大力推进社会保险基金的信息化建设，完善社会保险基金监管的信息披露制度，规范社会保险基金运营，确保社会保险基金在较低的风险下运行。

参 考 文 献

[1] 卜海涛. 社保基金进预算 科学管理更规范——财政部社会保障司负责人就社会保险基金预算答记者问[J]. 财会研究, 2010（2）: 78-80.

[2] 陈振梅. 社会保险基金预决算管理分析工作[J]. 行政事业资产与财务, 2021（19）: 52-53.

[3] 范欣. 探析社会保险基金风险管理策略[J]. 营销界, 2022(5): 134-136.

[4] 付婷. 我国社会保险基金运营风险分析[J]. 时代金融, 2012（21）: 155-156.

[5] 傅英睿. 社会保险基金预算编制与管理要点研究论述[J]. 现代经济信息, 2018（7）: 270.

[6] 郜丽云. 权责发生制在社保基金和政府负债管理与核算中的应用[J]. 经济论坛, 2004（10）: 134.

[7] 韩磊. 城乡居民基本养老保险基金的风险分析及规避研究[J]. 中国国际财经（中英文）, 2017（14）: 224-225.

[8] 黄振平, 胡毅东. 河北省建立社会保障预算的探索与实践[J]. 地方财政研究, 2011（4）: 21-23.

[9] 吉志鹏. 中国社会保险基金预算管理研究[D]. 北京: 财政部财政科学研究所, 2015.

[10] 纪斌. 浅谈如何加强社会保险基金风险管理[J]. 财经界, 2020(18): 120-121.

[11] 姜小丽. 社保基金管理环节监督之我见[J]. 山东劳动保障, 2005(4): 31.

[12] 金仁暄. 优化社会保险基金预警机制的思考[J]. 四川劳动保障, 2022（5）: 26.

[13] 李爱茹. 社会保险基金风险防控效果评估及对策建议研究[J]. 经济师, 2022（7）: 294-295.

[14] 李阜东. 社会保险基金管理内部控制存在的问题与对策[J]. 中国乡镇企业会计, 2021（8）: 148-149.

[15] 李红霞. 社会保险基金管理内部控制研究[J]. 现代营销（下旬刊）,

2022（6）：119-121.

[16] 李红艳，皇甫慧慧．我国基本养老保险基金风险分析研究[J]．江苏科技信息，2018，35（1）：75-77.

[17] 李梦晨．社会保险基金的会计核算基础思考[J]．经济师，2022（6）：107-108.

[18] 李长运，张强．我国社会保险基金风险管理研究述评[J]．蚌埠学院学报，2013，2（5）：59-62.

[19] 林义．社会保险基金管理[M]．北京：中国劳动社会保障出版社，2015.

[20] 林治芬．社会保险基金预算开启新征程[J]．中国社会保障，2014（10）：32-34.

[21] 刘涛．浅谈社会保险基金管理及风险防范[J]．纳税，2018（18）：196.

[22] 罗光芝．浅析社会保险基金风险防控[J]．纳税，2020，14（5）：163-164.

[23] 乔海霞．社会保险基金预算管理优化路径探析[J]．现代经济信息，2017（7）：212.

[24] 石虹．改进社会保险经办机构财会工作之我见[J]．山西经济管理干部学院学报，2007（2）：80-81.

[25] 唐大鹏．社会保险基金风险管理[M]．大连：东北财经大学出版社，2015.

[26] 唐霁松，聂明隽．社会保险基金预算工作指南[M]．北京：中国劳动社会保障出版社，2012.

[27] 王景国．社保会计核算问题与对策[J]．胜利油田党校学报，2013，26（3）：74-75.

[28] 王倩．社会保险基金风险防控分析及对策建议研究[J]．财经界，2022（30）：69-71.

[29] 王琰雅．社会保险预算编制方法规范[J]．中国乡镇企业会计，2016（6）：86-87.

[30] 王泽彩，刘国永，李永刚，等．关注社会保险基金预算绩效管理新规[J]．财政监督，2022（14）：40-53.

[31] 徐蕤．我国社会保险基金预算编制与体制完善[J]．韶关学院学报，2011，32（3）：63-65.

[32] 杨涛．山东省社会保险基金预算管理探析[J]．东岳论丛，2014，35（3）：161-165.

[33] 杨燕绥，王巍，张曼．社会保险基金风险管理研究[J]．广西大学学

报（哲学社会科学版），2010，32（4）：1-7.

[34] 叶沛.加强社会保险基金经济风险管理探究[J].中国外资，2020(2)：74-75.

[35] 袁红霞.社会保险基金预算管理探析[J].中国市场，2020（21）：40，48.

[36] 张涛.社会保险基金风险管理研究[J].中国集体经济，2016（27）：104-105.

[37] 赵立军，王颖驰，毕鹏，等.我国社会保险基金风险管理及国际借鉴[J].中国商论，2019（22）：62-63.

[38] 郑贵彬.对加强社会保险基金风险防控的分析与思考[J].纳税，2020，14（11）：179-180.

[39] 郑琳.社会保险基金的会计核算基础分析[J].财会学习，2022（4）：67-70.

[40] 卓锴化.推进社会保险基金预算绩效管理的思考[J].中国财政，2020（19）：60-61.